藝術文獻集成

竹人録 竹人續録

〔清〕金元鈺
〔清〕褚德彝

浙江人民美術出版社

圖書在版編目(CIP)數據

竹人録 / (清) 金元鈺撰；張素霞點校. 竹人續録 / (清)褚德彝撰；張素霞點校. —杭州：浙江人民美術出版社，2019.12 （2025.4重印）
（藝術文獻集成）
ISBN 978-7-5340-7467-7

Ⅰ. ①竹… ②竹… Ⅱ. ①金… ②褚… ③張… Ⅲ. ①竹刻－藝術家－列傳－中國－清代②竹刻－中國－清代 Ⅳ. ①K825.72②K879.32

中國版本圖書館CIP數據核字(2019)第149416號

竹人録　　竹人續録

〔清〕金元鈺 撰　〔清〕褚德彝 撰
張素霞 點校

責任編輯　霍西勝　張金輝　羅仕通
責任校對　余雅汝　於國娟
裝幀設計　劉昌鳳
責任印製　陳柏榮

出版發行　浙江人民美術出版社
（浙江省杭州市體育場路347號）
網　　址　http://mss.zjcb.com
經　　銷　全國各地新華書店
製　　版　浙江新華圖文製作有限公司
印　　刷　三河市嘉科萬達彩色印刷有限公司
版　　次　2019年12月第1版
印　　次　2025年4月第3次印刷
開　　本　880mm × 1230mm　1/32
印　　張　4.875
字　　數　74千字
書　　號　ISBN 978-7-5340-7467-7
定　　價　39.80圓

點校説明

《竹人録》作者金元鈺，字堅齋，嘉定人，生卒年及生平均不詳，大約生活於清乾隆、嘉慶年間，是錢大昕的弟子。

《竹人續録》是近代篆刻家褚德彝所作。褚德彝（一八七一—一九四二），原名德儀，後因避宣統帝溥儀之諱改用今名，字守隅，號禮堂，别署有松窗、漢威、里堂、舟枕山民等，浙江餘杭人。德彝擅長書法繪畫，精於金石考證，著作有《金石學録續補》、《壬寅消夏記》、《武梁祠畫像補考》、《松窗金石文跋尾》等近二十種，大多未刊布。精篆刻，廣涉古璽漢印，後人集德彝自刻印百方，輯爲《松窗遺印》。

《竹人録》和《竹人續録》都是有關竹刻藝術的專著。所謂竹人，就是擅長用刀在竹質器物上刻鏤書畫作品的人。竹刻的起源可追溯至唐朝，唐宋史料中都有零星關於竹刻作品的記載。到了明清時期，竹刻變得十分流行，并由此湧現出一大批竹刻名家。他們技藝卓絶，其作品也成了人們争相搜求、收藏的對象。例如滇南地區有名的武風子，擅長在細竹做成的箸上用火繪花鳥山水、人物樓宇等圖案，他的作品備受推崇，以至於「滇之士大夫或相餽遺，皆以武生箸爲重。王公大人游於滇者，不得武生箸爲恨」（《竹人續録·武風子》）。

明清時期的竹刻家，根據他們各自刻竹技藝和風格的不同，比較著名的有兩派：金陵派和嘉定派。《竹人録》的作者金元鈺是嘉定人，他更推崇嘉定派的深刻技法，認爲以濮仲謙爲代表的金陵派「淺率不耐尋味」（《竹人録·凡例》），遠不如以朱松鄰爲代表的嘉定派。因此，《竹人録》所记七十餘名竹刻家都是嘉定籍的，其他非嘉定籍竹刻家則不在記録之列。《竹人録》也因「用以備吾一邑之絶藝」（《竹人録·李賡芸序》），而被褚德彝批評「限以練川，微嫌太隘」（《竹人續録·褚德彝自序》）。爲了彌補《竹人録》的這一缺憾，褚德彝作《竹人續録》。《竹人續録》不僅補録了金元鈺遺漏不收的非嘉定籍竹刻家，還把時限延至民國，所記八十七位竹刻家，與《竹人録》重複者寥寥。從史料價值上來講，《竹人録》和《竹人續録》在竹刻藝術史上都占有相當重要的地位。

《竹人録》一書分兩卷，上卷是竹刻家小傳，每篇皆先簡單介紹該竹刻家的字號、里貫、世系、師承等，然後著重介紹其所擅長的竹刻技藝和獨特的藝術風格；下卷集録了與竹刻相關的詩歌文賦等四十餘篇。《竹人續録》也有兩卷，一卷輯録諸書中所載竹刻家，間有德彝案語，記述其所見竹刻作品；另附一卷《竹尊宧竹刻脞語》，皆是與竹刻相關的遺聞佚事。《竹人録》和《竹人續録》所記竹刻名家和名作，很多都是作者親眼所見，不但具有很高的史料價值，而且文筆也頗爲細膩。有些竹刻家的逸聞趣事，被作者講述得十分生動傳神。而對一些竹刻作品的描述，細節之處一一體現，讀來猶如實物就在眼前，這也恰恰合了作者「使覽者真贗顯然」（《竹人録·金元鈺小序》）的目的。

《竹人録》成書於清嘉慶十二年（一八〇七，丁卯），今國家圖書館古籍館藏有一册《竹人録》殘卷，即是最早的刻本。周作人在《書房一角》中曾提到：「《竹人録》二卷，嘉定金元鈺著，嘉慶丁卯自序，距今不過百三十年，余所得一册已殘缺，存上半及卷下十葉，唯所缺均是前人詩文，尚無大妨礙。」筆者所見國圖所藏殘本品相與周作人的描述幾乎完全吻合，也是僅存上卷和下卷的前十葉。在「是書甫刊成即經庚申劫火，傳本甚希」（《竹人録·褚德彝序》）的大前提下，這種巧合就顯得很是微妙了，不由得讓人揣測二者之間的關係。此外，《竹人録》還有一些其他的版本流傳於世。民國二年（一九一三）上海神州國光社出版的大型美術論著匯編《美術叢書》，其中續集（或稱二集）第五輯中就包括《竹人録》一册。民國十一年（一九二二，壬戌），嘉定張爾延主持重刻《竹人録》，由葛維楨校勘，是爲光明印刷社鉛印本（以下簡稱張氏本）。民國二十七年（一九三八，戊寅）五月，鄞縣秦彦沖再次校印《竹人録》，褚德彝爲之作序（以下簡稱秦氏本）。此次整理點校《竹人録》，是以時代最早、訛誤較少的清嘉慶十二年刻本爲底本，主要參校民國十一年嘉定張爾延鉛印本。嘉慶本所缺部分，則據張氏本補録。

褚德彝《竹人續録》成書較晚，由吴湖帆於民國十九年（一九三〇，庚午）刊印。本次整理點校即是以此爲底本。

由於筆者學力所限，其中難免訛誤疏漏之處，衷心希望能夠得到讀者的指正。

張素霞　二〇一一年十一月二十日於北京大學萬柳公寓

總目録

[illegible]目錄

竹人録

竹人錄

目録

卷下

賦

銘

古今體詩以作者之時代爲先後

竹人録小序

昔人一藝之工，名垂不朽、載在史傳者，莫可殫述。吾瞟自前明正、嘉時朱松鄰樵宋元人小景，創始刻竹，嗣後專門名家，或行草楷隸，或人物山水，并稱絶技。嘗論刻竹雖小道，其人非具鄭虔三絶，靈襟灑脱，居處出塵，不能下一筆。世人比之子剛治玉、抱雲治銅，猶未識諸君子之用心矣。丁卯首夏，煩熱如蒸，閑與管城子銷磨長日，不揣譾陋，就平日見聞廣爲采輯，又爲區别其源流支派，使覽者真贋顯然。夫粤鎛燕函，遷地弗良，工是技者，捨吾邑則無能爲役也。是録也，竊附於《印人傳》、《陶説》諸書，倘列諸藝術部中，予小子有厚幸焉。

嘉慶丁卯夏六月堅齋金元鈺識

凡例

雕竹有二派，一始於金陵濮仲謙，一始於吾邑朱松鄰。濮派淺率不耐尋味，遠不如朱。是編非吾邑人概不録。

蔡時敏以下，予及見其人，知其久而必傳，備録如左。其餘操刀者甚衆，不敢濫登，懼失實也。

竹汀師《十駕齋雜録》、陸扶翁《南村隨筆》所載里居、姓氏，稍有異同。予宗兩先生遺意，兼考邑乘及前人詩文集中見有涉及者，輒爲掌録。助予采訪，秦子鑑人之力居多。

汪少山先生《竹器小譜》一卷，自敘云：「瀨上彭賁園、天都鮑以文、鹽官張芑堂諸公，嘗慫恿余製《竹器譜》，草稿未屬，會游閩海，棄置敝簏者三載矣。今夏索處招凉，先以竹器之見於詩文者録一小册，聊供好事者之賞鑒。至成書尚待異日。」余不敏，不足以成先生之志，顧先生貺我良多矣。先生名炤，字翌青，載邑乘《文學傳》。

下卷摘録前人詩文，以備考證。一器之傳，賴人以著，故統名曰《竹人録》。

附考

張騫在大夏見邛竹杖。昌邑王賀到濟陽，道買積竹杖。唐盧綸《和徐法曹贈崔洛陽斑竹杖》詩曰：「玉幹一尋餘，苔花錦不如。勁堪和醉倚，輕好向空書。采拂稽山曲，因依釋氏居。芳辰將獨步，豈與此君疏。」李商隱《贈宗魯邛竹杖》詩曰：「大夏資金策，全溪贈所思。静憐穿樹遠，滑想過苔遲。鶴怨朝還望，僧閑暮有期。風流真底事，常欲傍青羸。」因知竹杖之製，由來久矣。大約古以渾樸勝，今人則以雕飾爲能矣。

齊高祖賜隱士明僧紹竹根如意，似如意始於齊梁間，特未署作者姓名，規製卒亦無考。

《清秘藏》：「宋高宗時有詹成，能於竹片上刻成宫室、人物、花鳥，纖毫俱備。所製更有鳥籠等物，甚精。」今亦失傳。

附藏法

前人製作，至今日少得者。須櫝以文木，間二三年將生桐油細刷一次，即用綿布揩净，取其潤澤不枯。如遇風日燥烈，不可出玩，防損裂也。其色紅如琥珀者爲上，鵝油色者并足寶貴，黑爲下。收藏得地，三松製作，至今完好，誰謂非千百年物耶！

卷上

明

朱鶴

鶴字子鳴，號松鄰。徐女廉先生《思勉齋集》以「松鄰」爲字，今从盛德霑贈山人畫款爲証。世本新安，自宋建炎徙於華亭，又六世而東徙，遂爲吾邑人。雲間陸祭酒，宏獎風流，高朋滿座，顧無松鄰子，不樂也。工韻語，兼雕鏤[一]圖繪之技。所製簪匜，世人寶之，幾於法物。得其器者，不以器名，直名之曰「朱松鄰」云。爲人孤介絶俗。長洲鄭若庸《松鄰子歌》云：「峨峨九峰山，下有松樹林。幽人抱貞獨，結屋當山深。託跡大夫鄉，里閈期相親。循簷墮秋子，隔牆分早陰。拾花釀春酒，采苓供夕飧。風雨撼大海，夜半蒼龍吟。秀色千萬重，高下交相因。豈無楊柳堤，亦有桃花津。

楊柳易消歇，桃花終委塵。何如東家松，閱歷千載春。寧須百萬買，相看不易心。捫虱坐忘世，時聞啼鳥音。青山映黄髮，長嘯凌秋旻。願爲堅雅操，勿爲歲寒侵。」其爲名流推重若此。

鈺按：刻竹創自松鄰子，自前明至今二百八十餘年，流傳不廢。前人製度渾樸，今則漸趨新奇，失古意矣。家藏山人手製儒冠，高雅古樸，斷非近今作手所能夢見也。

朱纓

纓字清父，號小松，松鄰子，居清鏡塘，貌古神清。工小篆及行草，畫尤長於氣韻，間仿王摩詰諸名家，山川雲樹，紆曲盤折，盡屬化工。刻竹木爲古仙佛像，鑒者比於吴道子所繪。性嗜酒，故獨酒家能數得之，他求者弗即應也。養生家勸之節飲，笑答曰：「管輅頓傾三斗，揚雄酒不離口。世間殤子豈盡酒人哉！」卒不聽。縣令嘗召之，不往。令急之，曰：「我能破家。」笑曰：「我乃無家，何破爲？」徽王以幣聘，謝曰：「鋤草衡門則有餘，曳裾王門則不足。」未幾，王坐法廢，人服其先見。平日詩不苟作，間一寫，其中所欲言，悠然之味常在言外。著有《小松山人集》，惜全稿散失。侯鳳阿手鈔近體詩一卷，余愛其七言律尤佳。《夜雨宴集》云：「菊蕊含香秋欲暮，柳條縈別葉將摧。」《登蓮花峰》云：「波浮慧日黄金界，嵐吐慈雲白玉宫。」《過樸庄園居》云：「時事只如纔覺夢，繁華從此付流波。」《湖山詠》云：「帆影依微衝霧去，漁歌欸乃逐雲還。」《送人》云：「切切琵琶邗水曲，萋萋烟雨灞橋西。」皆清婉可誦。婁子柔先生《朱清甫傳》云：「先生窮而畸於世與俗，爲無町畦，雖子孫豈能悉數其生平。獨其不可得而招，不可得而懾，以藝事之精絶，而强半入於酒家。有欲名先生者，第當以此想見其風采。譬如傳神乃在頰上三毛，不然，而徒拘拘焉求肖於豐羸黔皙，其神弗存也。」又云：「先生天性耿介，絶無阿比意。閑居遇可喜可愕，輒寓之於酒。曰一與之同其適，一與之分其途，以是樂之，終身不厭也。先生少而多能博涉，有餘力，而世或重其雕鏤，幾欲一切抹撥，則過矣。」讀數語，先生人品倜乎遠矣。

朱稚征

稚征號三松，小松仲子，稚美之弟。祖、父、兄弟三世以高尚稱。松鄰子又以刻竹名家，至三松而技臻極妙。三松性簡遠，善畫遠山淡石、叢竹枯木，尤長畫驢。其雕刻，刀不苟下，興至始爲之。見者情愜，則任其携去勿惜。意所不屬，遺以多金弗顧也。所刻筆筒及人物、秘閣、香筒，或蟹或蟾蜍之類，當時即已寶貴，今日則瓊弁火齊，名重五都矣。朱氏擅名竹刻，比之山陰父子，雖羲、獻自有分别，然源流一也。大抵花鳥規橅徐熙寫意，人物、山水在馬、夏之間。畫道以南宗爲正法，刻竹則多崇尚北宗。蓋以刀代筆，惟簡老樸茂、逸趣横生一派，最易得神也。

侯崤曾

崤曾字晋瞻，通政侯、忠節公從弟也。金吾世胄，王謝多材。時秬園先生隱居東郭，開明月之堂，集歲寒之友，山人手製詩筒，郵遞贈答。秬園有詩紀事，載《西留草》。同時何匡山平得朱松鄰手製竹罌，遂以竹罌顔其居。讀吴梅村、宋荔裳唱和諸什，猶想見前輩風流云。

秦一爵

一爵《南村隨筆》作「一姐」，「姐」、「爵」聲相近而誤。在朱氏之後，沈兼之前，法本三松，而能運以己意。平日矜貴，不苟狥人求，故傳世絶少。

沈大生

大生字仲旭，又字禹川，兩之之叔，業醫。工朱氏雕鏤法，詩畫俱洒脱不凡，與同里周約之并爲前代遺民。兩之《醉吟草·題禹川叔小照》云：「溪流數曲竹千竿，清映鬢眉畫亦寒。心事不隨時世改，百年猶見舊衣冠。」兩之先禹川而殁，禹川爲文祭之。余從秦氏汗筠齋借讀一過，知浸淫於古者深矣。

國朝

沈兼　沈爾望

兼又名參，字兩之，號無諍道人，本《十駕齋雜録》。按張伯美晚號無諍道人，所見秘閣伯美繪圖亦間有之，未知孰是。居城東。生平以介行重於鄉，一領布袍，寒暑不易。沈氏世習幼科，至兩之而術益深。自少精心篆隸，斜陽古道，策蹇訪碑，舊雨聯吟，雖月落參横，酒闌鐙灺，弗倦也。父漢川，從朱三松學竹刻，兩之盡心摹擬，盡得其傳。所鎸印章直逼秦漢，論琴并得神解。性好潔，常於虚室懸一榻，離地數尺許，偃卧其上，鼾聲徹户外，引絶仆地，翹足不移者累月。乙酉之變，避兵廢圃中，不食三日矣。會大霪雨，伯兄貽之糧，顣然曰：「百里負米，仲氏之所以奉其親。今乃反其道乎？」卒不食，然仍不得死。又三十餘年，康熙十四年卒，年五十九。卒之日，鄰人某婦病，求其青囊術。時方諦視盆中老樹，蓋數十年手自剪裁者，若有留戀狀。請行不拒，診之曰：「死矣。然藥之，當得兩載生。」旋反。鄰往乞藥，則坐藤床，目瞑若羽化然，手持宣德御窑杯，執不捨，而指陳方藥縷縷數百言，依然在案也。服之，病延至兩載而死，其奇僻若此。著有《醉吟草》。弟爾望，亦解奏刀，時稱伯仲。

王易

易字又白，少時與歸南岑梁、唐元夫裕功數相唱和，能書畫，兼通音律，及一切雕鏤雜技，巧奪天工。范總制招致京邸，厚遇之。年八十始南歸，僑寓吴門。又十餘年卒。

周乃始

乃始字萬周，又字右文，號墨山，住西城濠〔二〕上。工詩善畫，間以餘事寄興琅玕，書畫皆有味外味。與同里孫松枰〔三〕、陳道山、張紫庭諸先生結詩酒會，紫庭題畫云：「墨山筆落古幽州，畫出邊關箄築秋。萬里平沙一鈎月，損人肌骨白人頭。」又題所居緑暗村云：「我友有村名緑暗，小門曲逕稱幽情。窗蘿似罽烟填就，檻樹如簾雨織成。静趣只憑鶯告訴，春歸唯剩蝶游行。誰人及得癡高士，濃睡清吟過此生。」可想見風流藴藉矣。惜遺稿無從訪輯，春城御柳託諸藝術以傳，宜一鱗片爪，俱爲得者護藏也。按：墨山善刻芭蕉、叢竹。

附録周墨山傳

李聖芝

古嘐高士，精篆學，工繪事，旁及於雕鏤雜技，而寓意於壺觴嘯詠之間者，於昔得三人焉，曰張觀，曰朱鶴暨鶴之孫稚征，繼之者惟周君墨山。周君於書無所不窺，畫則謝垂六法、郭著三家，彷彿無愧。時而借箸記拍，動唇發口，按節合度，真有貫珠鏗玉之趣，又能演《虞初》，説《商芸》，風生泉湧，使聽者駭耳，華堂綺席中，若不可一日無此人者。計君之生當明之季，今即屈在輩行，猶然遺老。交〔四〕遷險阻，況味飽嘗，且以喜樂，且以永日，風人之致，君何獨不然？或疑昔之貞隱，往往避地避人。如張可觀者，不常厥居，轉徙而終於茂苑。松鄰祖孫聞有貴人欲見，每削迹滅影以逃之。然我考其時張所與游者吴仲圭，而范暹、張翬齊名焉，則其不欲絶人可知矣。朱氏稱爲凄清蕭瑟，而於曹副憲時中則師之，陸詹事深則友之，彼二公者，寧非顯者與？今君倦而晚歸，面城卜居，編棘栽蔬，處室肅雍，課子孝友，賓朋過從，剪韭刻燭，情話不厭，人以尺幅片石求者，無不愜其意而去，此與昔人無異也。所異者，其與人而已。貴而軒蓋，富而紈袴，下逮蒼頭廬兒，以及夫倚市候時之儔，無不可與之相接。《易》美包荒，《書》贊有容，庶幾近之。余與君别且十年矣。每於夕陽西下，或殘夢初回，想見緑暗村中頹然一老，枯坐寒吟，情形可掬也。

殷永清

永清字介持，居新涇里。硯田餬口，久之棄去，以雕鏤竹木爲業。浪跡江湖，而於白下、武林尤往來如織，殷生名氏遂流播江浙間。後出游江北，卒於鳳陽之僧舍。其子以其喪歸，蓋囊無一錢云。

王永芳　陳立

永芳字玉斧，自署舜江，居黄歇渡。工鎸字，墨守蘇文忠清勁灑落。同時有陳立，字雪笠，并居黄歇渡，工鎸花鳥山水。

楊褒　楊謙

隱君名褒，字聖棨，號古林，姓楊氏，居新涇里。少多病，長而好學，書畫雜藝，靡不究心。家貧不克卒業，乃創爲竹章篆刻，以謀養親。其鈕製悉遵秦漢，見者咸以爲得未曾有。凡客游者，行囊書篋便於擕帶，人多珍之。嫻吟詠，著有《寓意集》、《竹章印譜》二卷。卒年七十有一。閲秦雲翁《楊隱君傳》，深信品學之不誣也。子謙字吉人，彬彬儒雅，能世其家學。竹章之外，能琢研。餘若晶玉、瑪瑙、琥珀印章俱精古，作李斯篆，寫墨竹，亦入能品。

吴之璠　朱文友

之璠字魯珍，號東海道人。所製薄地陽文最爲工絶，今流傳人物花鳥筆筒，及行草秘閣，秀媚遒勁，爲識者所珍。天津馬令素挹其名，延爲上客。後馬令去官，有殉知之契，從之偕往，遂不知所終。壻朱文友得婦翁指授，能傳其藝。

劉起

起字韓抒，號昌復，晚年自署可笑老人。康熙二十年補博士弟子員。雍正十年貢入成均。書摹大令、永興，題榜大字師朱晦翁。所刻筆筒、秘閣，行草婉麗遒逸，花卉偶一爲之。詩宗陶、謝，老而益工。卒年八十有四。

封錫爵　封頴谷

錫爵字晋侯，世居城南。封氏自尚絅先生工詩善書，名載邑史，厥後代有聞人。

至晉侯而始以刻竹傳，與弟義侯、漢侯號稱鼎足。兩弟留京供奉，晉侯家居杜門，禪榻蕭然，經年不踏城市，蓋逃名而無求於世者，宜其品之潔而藝之超也。子頴谷，并工鏤竹，善承封氏箕裘。

封錫禄　封錫璋

錫禄字義侯，晚號廉癡。性落拓不羈，天姿敏妙，奇巧絶倫。康熙癸未聞於朝，與弟錫璋字漢侯，同侍直養心殿，旋以病癲歸里。一時名流咸題詠以志其遇。

鈺按：吾疁竹根人物盛於封氏，而精於義侯。其摹擬梵僧佛像，奇蹤異狀，詭怪離奇，見者毛髮竦立。至若采藥仙翁、散花天女，則又軒軒霞舉，超然有出塵之想。世人競説吴裝，義侯不加采繪，其衣紋縹緲，態度悠閑。獨以銛刀，運腕如風，遂成絶技，斯又神矣！嘗於友人齋頭見山人自寫小像，傍列蹲獅，絶不類畫圖所繪者，相傳當日供奉時内廷所見云。又善鎸桃核舟，大不過兩指甲，中坐三人：袍而多髯，坐而倚窗外望者爲東坡；禪衣冠，對東坡坐而俯於几者爲佛印；少年隅坐，横洞簫而吹者，則相從之客也。兩面共窗四扇，各有樞可開闔。船首兩人，一老皤腹匡坐，左右各有酒具。船尾一人執扇烹茶，有茶爐，腹一孔，爐上茶壺仍有味有柄。舟底鎸「縱一葦之所如，凌萬頃之茫然」兩行細字。又於橄欖核上鎸《草橋驚夢》，屋宇人物位置天然，間以疏柳藏雅，柴門卧犬，夜凉景色摹繪逼真，奇幻出人意表矣！

封始鎬　封始豳　封始岐

始鎬字彝周，好讀書，旁及鏤刻人物，穠纖合度。始豳字綿周，廉癡子，藝不在乃翁下。購者授以金，不納，飲以酒，如長鯨吸百川，興酣落稿〔五〕，體物象形，鑒者莫名其妙。始岐字時周，性恬淡，家貧無以自給，藉技能以資衣食，所製亦工妙。

顧珏

珏字宗玉，居城南。朱、沈相承，平淡天真，純以韻勝。珏則刻露精深，細入毫髮，一器必經一二三載而成，是又不襲前人窠臼，而能獨立門庭者。戲仿靈璧、英州石，以沉檀香、黄楊木製爲奇峰，真有山高月小、水落石〔六〕出之致。其遺跡槎里羅氏收蓄最富。余少時曾見縮臨李昭道《棧道圖》筆斗，老樹危橋，懸崖絶澗，作數十層，轉折望之，窈然而深，尤爲奇絶。後不戒於火，梁州之谷，留侯一炬，燼者半矣。維揚客猶以重直購歸，殆中郎之焦尾乎！

按：宗玉所製竹根秘戲圖，眉目形體如生，床幃几席有刻竹鏤楮之巧，好事者什襲藏之，惜非雅製。

張應堯

應堯善鏤字，媚麗疏秀，有晋宋人風骨。錢石橋學博，藏其手製秘閣，古致歷落，題款云：「作者爲誰，應堯張叟。」毫無俗意。

施天章

天章字焕文，工繪事，以竹刻名，巧若神工。雍正間，織造使者以所刻進，命供奉如意館，所造益精，一時無兩。乾隆初，念其淹久，且技之工也，官鴻臚寺序班，被酒獲譴，養馬翁山。後傳忠勇公請於上，得回籍。時已病，不復鏤刻。偶成一物，旋即焚棄。作畫亦然。故真跡流傳甚鮮。煥文生有異禀，長身玉立，鬚髯如戟，性癖，能月餘不食，但飲清水，曰：「我蕩滌胸中積穢耳。」人無貴賤，皆爾汝之。織造圖拉新至，破衣往謁，閽者駭愕，拉聞之，延入上座，留數日〔七〕，不辭而去。年七十三卒。

按：煥文爲義侯弟子，長於竹根人物。封氏家法，專以奇峭生新爲主。煥文一出，而古香古色，渾厚蒼深，騣騣乎三代鼎彝矣。余所見《王右軍換鵝圖》，及家藏《孟襄陽騎驢踏雪圖》，俱入逸品。其刻石法，用倪雲林側筆皴，小坡高下頓折，望之如繪。皆前人所未有。

周顥

顥字晋時作峻瞻，號雪樵，又號芝巖。美鬚髯，人皆呼爲「周髯」。行草跌宕〔八〕

奇偉，師蘇長公而多自得之趣。山水竹石臨摹宋元諸名家，盡得神髓。山人天分既高，以畫法施之刻竹，合南北宗而爲一體，無意不搜，無奇不有，朱、沈一鐙隱隱相繼，而又神明變通乎其間，二百餘年首屈一指矣。予嘗以詩派論之，漢魏權輿，則三朱、秦、沈，魯珍具建安風骨，宗玉似齊梁綺靡，周墨山、王幼芳之冲淡則孟襄陽「微雲河漢」也，封義侯、施焕文之奇古則韓昌黎「湯盤孔鼎」也。其餘諸子，如盛唐作手，各號專家，近時刻畫精工類宋元纖巧一派。惟我芝巖，其少陵乎！生平梗概，我師錢竹汀先生言之甚詳，今謹録如左。

附録周山人傳

錢大昕

山人周姓，名顥，字晋瞻，世居嘉定城南。性磊落不羈，而未嘗與物忤。家無儋石儲，而未嘗以衣食累人。讀書不應科舉，而於畫獨有神解，仿古賢山水人物皆精妙，尤好畫竹。興酣落筆，風枝雨葉，無不曲肖。吾邑自朱松鄰父子創始刻竹，厥後沈兼、吴之璠、周乃始諸人皆精其藝。山人更出新意，作山水、樹石、叢竹，用刀如用筆，不假稿本，自成邱壑。其皴法濃淡坳突，生動渾成，畫手所不能到者，能以寸鐵寫之，當時以爲絶品。山人亦雅自負，其運刀時若絲髮未稱意，雖垂成亦斧以斯之。富人慕其畫，或致金幣，不即得。偶然欲畫，畫成隨手乞人，無矜色。人有延致之者，或留半年數月，或到即辭去。嘗游齊魯間，與單朱翁交相得。朱將往江南，山人附其舟歸。朱之兄方令嘉定，山人不知也，抵吴門始知之，不告而歸。朱令異而訪之，避不見。逮朱去任卒於蘇，乃幅巾往弔而哭之。其介特多此類。少時嘗病瘖，一夜醉歸，逢老叟衣冠甚異，出一丸藥，啖之，五藏皆煖，忽失叟所在，經昔猶有異香，自是宿疾盡去，終身無纖介之疢。年八十餘，善飯健步，不異少年。乾隆三十八年卒，年八十九。族子笠，字牧山，亦工畫，晚以藝事游維揚間，諸公争出重價購之。我鄉近日言畫者，稱「大周」、「小周」云。

周笠

笠字牧山，芝巖之猶子也。工山水，《墨香居畫志》稱其「體韻精研，氣格融錬」，與芝巖并得盛名。少時兼精刻竹，以芝巖爲法，悉中規矩。後寓邗上，遂肆力於畫。晚歲家居，作水墨花卉，生趣盎然。

附録嘉定三藝人傳

王鳴韶

施天章，字焕文，以竹刻傳。隆、萬間有朱松鄰者，本文士，以其餘技雕刻竹筒置案頭插筆，人多求之。子小松亦善刻竹，與李長蘅、程松圓諸先生游，將小樹剪縶，供盆盎之玩，一樹之植，幾至十年。故嘉定之竹刻、盆樹聞於天下，後多習之者。竹刻有二家。以竹筒刻山水人物，若筆筒、酒杯、香筒諸器者，是就竹之圍圓而成，儼然名畫也。一以老竹根，就其高卑、曲折、淺深之宜，刻爲人物山水、果蓏花卉，名爲陽文。天章自幼習爲之，最工竹根人物。手足之位置，衣服之瀟灑，面目之神理，皆極生動。老則雞皮鶴髪，脅肋之骨，結喉露齒，悉可指數。笑語喜愠若有聲響，果實花卉皆如新摘。善畫，得馬、夏法。雍正間，織造使者以其術進，命供奉養心殿，後官鴻臚寺序班，獲譴回籍，自放於山巔水涯，技益工而益不可得矣。乾隆三十九年，卒於壻王謙家，年七十有三。

周顥，字晋瞻，一字芝巖。工畫，山水、人物、花卉俱佳，而尤長於竹，風雨雪月，短長欹側，皆入逸品。識者謂畫竹一派，近在崑山夏太常，而顥之奇縱變化，有前人所未及者。至於細竹中兼寫人物山水，更爲奇絶。山水於諸大家無所不有，臨橅可以亂真。而尤長於刻竹器，皴擦勾掉，悉能合度。無論竹筒、竹根，淺深濃淡，勾勒烘染，神明於規矩之中，變化於規矩之外。有筆所不能到，而刀刻能得之。筆之妙在神韻，其法度之變化尚在紙上。顥之所刻出於意想所不及，人無耳目，屋無窗櫺，樹有[九]細點，橋多約[一〇]彴，俱非他人所能及。於松鄰父子、吴之璠、沈兩之之後，别樹一幟矣。顥長身多髯，丰度瀟灑，和藹可親，飲酒數石不亂。無子，卒年八十有九。

周笠，字牧山，顥之猶子也。畫山水師元四家，而得力在用乾筆皴。少師黄尊古鼎，謂之曰：「婁東虞山一派，屬於子矣。」笠少於顥十餘歲，少同學畫，同刻竹，各得其意，不相襲也。生意遠出，神氣内涵，萬點當虚，千重叠起，渾厚中自露秀色，令人一見歎絶者，笠之所長也。各體具備，蒼健雄深，微露亂頭粗服之致，顥之所長也。刻竹、作畫，兩者盡之矣。晚寓揚州馬氏小玲瓏山館幾十年，故手跡流傳里中絶少。年纔六十，病噎卒。有子爲諸生，日躭於酒，將所遺畫具、稿本盡入酒家，不久亦卒。孫一，今爲道士。

贊曰：儒者求一館餐之所，輒行千里，或幾千里，而其爲學出以示人，或不之省。至於書畫竹刻，盡人賞鑒矣。然芝巖則僻處鄉間，幾十年未嘗出游，人多不識其名。牧山游跡多在揚州，誠天市垣之所在也，然吴中名士無一人知其名者，是猶不遇也。天章雕刻誠絶技矣，而爲人迂癖〔一二〕，故人無得而稱焉。或曰天章曾得仙術，由燕京至吴門不過三晝夜，芝巖亦遇仙，殆非庸耳俗目所能識者與？余論次其傳，不禁低徊三復云。

嚴煜

煜字敬安，居南翔寺。工畫山水花鳥，自寫性靈，饒有生趣。從周芝巖學刻竹，得不傳之秘，尤究心金石、六書之學。摹印宗何主臣，蒼古有法。

浦燦

燦字方山，號鶴汀，邑庠生。畫松善學洪谷子，虬枝夭矯，孤幹蟠穹，一室高懸，長風颯颯。其刻竹與用墨頗能相合。

王之羽 王鑑 王質

之羽字謂韶，自署逸民。少爲徐氏館甥。徐居槎里，與吴魯珍僅隔一垣。謂韶日從魯珍游，盡得其運腕之法，故名冠一時。後挈婦歸城西，拓地數弓，藝菊栽松，瀟然絶俗。兄子鑑，字鏡千，子質，字存素，所製皆可傳，王氏至今不衰。存素子玘，别有傳。

沈全林

全林字榕盤，晚號西池老人。長髯，居城西數椽老屋。繞室梅花，每當暗香浮動時，淡雲曉月，紙帳高眠，恍疑身在羅浮夢裏。工刻花鳥，丰姿婉約，綽有餘妍〔一二〕。陸即仙前輩《嘉定竹枝詞》：「榕髯花鳥芝髯竹，朱沈風流續舊傳。」蓋謂榕盤與芝巖也。

時鈺　時其吉　時其祥　時其泰　時澄之

鈺字世賢，居城東。與兄學庭并好吟詠，昆季刻燭，唱酬時軋軋不休。削竹講明刀法，頗能步武前人。子其吉，字大生，其祥，字天行，能深刻。〔一三〕學庭之子其泰，字賡颺，孫澄之，字志范，峰巒重疊，林木幽深，得李咸熙遺意。

鄧孚嘉　鄧士傑　鄧渭

孚嘉字用吉，本閩産也，流寓我邑。工畫山水，一邱一壑多自得趣，設色亦渾樸冲潤。所鐫折枝花最爲工妙，其法直起直落，枝本比附而成，重花疊葉，薄似輕雲，而映帶迴環，秀媚精雅，躁心人固未許問津也。年二十餘爲織造某公所賞，家居日少。卒年僅四十九。弟士傑字貫倫，長於硯山〔一四〕人物，不亞於蔡時敏。子渭，字得璜，號雲樵，善鎸印章、筆筒、秘閣，行草得羊欣法度。

蔡時敏　賀其吉

時敏字遜初，小字肖官，遂以蔡肖官得名。雕鏤工巧，最善人物，不襲封氏面目，而能各自成家。嘗爲家君摹李龍眠十八尊者，龐眉深目，朵頤豐頳，猛如搏虎豢龍，静若拈花執帚，曲盡變化，無有同者。惜年不永，卒四十九歲。弟子賀其吉，字允臧，傳其業。

吴嵩山　杜書紳　徐樞

芝巖弟子，或以畫傳，或以刻竹傳。兼擅兩美者吴嵩山，居南翔寺，後流寓維揚，遂家焉。諸生杜書紳，字顧書，號芳椒山人。徐樞，字宗岐，號雲樵，篤於古誼，師殁，行心喪禮，居恒尤以品節自持，吾邑隱君子也。學畫得芝巖正法眼藏，以刻竹爲游戲，俱微妙可思，然皆少時偶一爲之，今不復唱《渭城》矣。雲樵琢硯得芝巖遺法，嘗貽予端溪片石，銘云：「温然者質，蒼然者色。以歸君子，天花灑筆。」予感其意，至今寶之。

徐裕基

裕基字肇周，爲邑諸生，有名於時。工度曲，善行楷。所製筆筒、鎮紙，跡類趙文敏。爲人慷爽，有奇致。年五十餘，以時厲死，今已十六稔矣。每於酒闌茶罷，憶其銅將軍、鐵着板，唱蘇學士「大江東去」，激昂慷慨，覺餘音猶繞梁間也。

張宏裕

宏裕小字百福，工畫人物。初與馬珂亭同刻花果，既而盡變其平日面目，曰：「是瑣瑣者，何足以盡我技？吾甘心與絳、灌伍哉？」乃弄異標新，獨以三寸竹爲人鏤照。謝哲風儀，左思篷陋，具能各肖。自朱氏至今，别開生面矣。吴門短簿祠前一帶垂楊下工是技者，團以紫泥，名曰塑相，然二分塵土，苦不堅牢，不若竹之經久如新也。嘗攜吴漁山仿大癡小幅過余卧游齋，余未及發篋，曰：「是爲真跡無疑。」啓卷而墨井之神情畢現，當時服其精鑒。乃知書畫同一關捩，未有能畫而拙於書者。刻竹與書畫又同一關捩也，因論宏裕軼事及之。

周鍔

鍔字劍堂，工短札，善雕鏤箑邊。字細如蠅鬣，而分行布白，步畫〔一五〕井然，見者詫爲鬼工。昔項子京藏胡麻一粒，行楷「風調雨順，國泰民安」八字，劍堂應與争席矣。同里浦儼齋先生，名熙，博雅能文，工書善畫。兩人互相契重，其所刻箑邊，恒自言曰「我非儼齋書不刻」，儼齋亦謂「非劍堂刻不書」也。辛酉夏，貽余李昭一箑，鎸王新城《秋柳》四章，余藏之篋笥。辛酉迄今僅閲七載，儼翁靈光巋然，劍堂三尺土淒迷宿草，此技遂成《廣陵散》矣。

張步青

吾友姚桂庭收藏前人手跡甚夥。九秋新爽，折簡招邀，小飲東籬花下，因盡出所藏，縱觀竟日。中有折枝蔬果二物，秀逸玲瓏，余疑鄧用吉手筆，桂庭曰：「作者張姓，名步青，生平絶無師授，隨意點染，輒便靈妙。」余急索其人，已委蜕十餘年矣。問之，同人鮮有知者。乃知負絶藝而姓名湮没不彰者，何可勝數。我於步青，不禁有遺珠之憾焉。

王玘　王梅鄰

玘字席珍，號春江，謂〔一六〕韶孫，存素子。豐貌修髯，年七十餘不資扶老。居城西老屋，庭前遍植名花異卉，暇日過從，煨芋燒筍，摭談中吴軼事舊聞，胸絶塵坌，言霏玉屑，晋人揮麈風流於是乎在。工刻花卉，尤善折枝蘭，清微淡遠，雖一花片葉，對之時覺竟體芬芳。夫蘭爲香祖，非襟期灑落者，孰能傳其高致。王翁清標絶俗，静觀物態，結契於冥漠，故心手相符若此，殆陳仲美、鄭所南之流亞與。從子梅鄰，字茂林，工刻小楷。

馬國珍

國珍字鳴玉，號珂亭，居城南。工鎸花鳥山水，又參用鄧用吉法而稍變之。作折枝花果，來禽、青李、盧橘、楊梅之屬，盛以碗楪，羅列棐几，清閟英光，倍饒生趣矣。年六十餘，種竹蒔花，灌園自給。客至，則偕老妻瀹茗，與客對坐劇談。常謂人曰：「古人友鶴妻梅，我則妻與梅皆忘形友耳。」工縮本人物箑邊，所鏤〔一七〕《西園雅集圖》、《春夜宴桃李園圖》，神彩奕奕動人。今秋忽得痰疾，逋積如山，斥産應之，與妻居敗屋中，風日不蔽。余往問其疾，日已晡，突不得烟。伊妻見客，潸然淚下也。珂亭手執寒花一枝，且嗅且看，嬉嬉自若。余曰：「噫，珂亭乃一貧至此耶！」歸，命僕人如陶令食俸米餉之。然余之貧，不能常急珂亭之貧也，爲之三歎。

莊綬綸

綬綸字印若，頎身而臞。年四十餘不娶，絶無艷冶之好，而偏喜與美人寫照。所製香筒，如《四美人圖》、《楊妃春睡圖》、《紅葉題詩圖》，霧鬢雲鬟，蜂腰戍削，黛痕一蹙，更阿堵傳神。余戲之曰：「亞字欄干，拍肩誰共？子果從何處得粉本耶？」印若笑曰：「周昉、仇英是我師也。世無王、鄭，揞爲齊處士老矣。若對龐廉、嫫母，自誇室有姬姜，豈僅腕底無靈，益使我胸中作惡耳。」余曰：「善。」

里中素稱能手，名號未詳，生平事實無考，并有以小字行者，又得數家。

侯松音，大參後裔，工人物、筆筒。

侯友鶴，諸生，殿枚子。

王幼芳，畫宗曹雲西、陸天游一派。

王紀常，深刻筆筒極工細。

趙學海，子得三，陰陽文山水人物工細無匹，父子俱僑寓吴門。學海妻吴氏所製桃核舟與封氏并傳，其它牙筒、筆床、書鎮亦能入品。

封文官，封品官，封三元官，封雲生，俱善人物。

封小姐工刻蟾蜍，當時以一蟾蜍易銀一兩，余索之經年始得。每於緑荷亭畔時出展觀，覺粉香脂膩，猶繚繞於手腕間。

附考吴人朱雪松，善取老竹蟠曲根鞭，雕琢爲蟾蜍，摩弄如玉，與真者無二。

校勘記

〔一〕原作「縷」，據張氏本改。

〔二〕「濠」，張氏本作「壕」。

〔三〕「枰」，張氏本作「坪」。

〔四〕「交」，張氏本作「變」。

〔五〕「稿」，張氏本作「筆」。

〔六〕原作「日」，據張氏本改。

〔七〕「日」，張氏本作「月」。

〔八〕原作「岩」，據張氏本改。

〔九〕「有」，張氏本作「無」。

〔一〇〕「多約」，張氏本作「無略」。

〔一一〕「癖」，張氏本作「僻」。

〔一二〕原作「研」，據張氏本改。

〔一三〕張氏本此處有「善摹名勝山水圖，成一器非兩月不可」數字。

〔一四〕張氏本「山」字下有二「水」字。

〔一五〕「步畫」，張氏本作「層次」。

〔一六〕原作「渭」，據前文王之羽小傳改。

〔一七〕原作「縷」，據張氏本改。

卷下

賦

竹筆尊賦并序

趙　昕

嚶以竹刻名，器則為酒觚，為詩筒，為書尺，為楸奩；人則為仙釋；物則為蟹，為蟾蜍。因竹肖撰，恍惚海上鬼工矣。而筆尊尤精絶。一尊之周，寫形造境，無美不出。窪隆淺深可五六層，漏沈其次也。鏤法原本朱三松氏，朱去今未百年，争相摹擬，資給衣饌，遂與物産并著。邑好古士大夫家所藏真三松製者，重如拱璧，不輕餉人。余匏繫嚶土，偶寓目焉。歎筆尊於人，可愛斯傳，傳斯久，物且有然也。因為之賦曰：

夫何箖箊之菀修兮，吴都美乎箹筒。舞凝波之飛燕兮，稻花蓮子冉冉。掌中斑駁如玳瑁，吹律亦截乎鐘龍。翳菡篷之奇文，唯繡畫於隕籜。彼葦與蕪，篆隸匪鑿，波撇點聚，陰符鬼谷，繞節紀時，叢生史葉，皆竹自然之雕刻也，而曾不筆尊，是若其爲質也。中虚外直，節焉特取，雅不厭其泥蟠，固無望於德朽，苟可旁求？淇園渭畝，清耀伐檀，貞堅植柳。爾乃運以雋腕，緯以妙心，钁劂鎪鉥，慘淡難尋。造化失其意象兮，覺徑圜之高深。繚管城以爲郭兮，入中書而叨翰墨之林。於是弟蓄珊瑚之架，妾昵翡翠之床。素姿渟峙，沈黝有光。詞客掬之如鏡，畫工走而且僵。若乃晨妝春曉，夜坐秋宵，懷征夫於久戍，夢游子曰徒勞。魚魚雁雁，邈爾含毫。背蘭缸而不語，恨晨風之難翺。莫不觸兹鬱茂，溪山草樹，雲帆花鳥，腸斷魂銷。至於南國才人，東都名士，四庫縹緗，十年文史，彩筆難枯，紅顔易改。書屢上而勿通，天閼紆而莫啓。憑几兀對，萬象伊咫。隱然或層樓複閣，綽約獨映。翛然或采蘂浮舟，徘徊共倚。愀然或散步於湘皋，昂然或曳珂於帝里。或笑則跏足而腹下垂，或怒則努目而冠上指。人眉馬鬣，朗逼秋水，侘傺心驚，揮翰洋灑，鉢響文成，氣蒸雲起。徐斂穎而就尊，終貴逾於青紫。况夫簡授兔園，詔待金馬，詠《平臺》賦《上林》，載筆以往，又其選也。信宜寶之，棐几兮珥以名花，香罏茗椀兮門謝客車。有斐君子兮，寧筆塚之可比？庶與游書田之無涯。

竹筆斗賦

汪价

聞夫竹之爲物，徵用實繁。爰伐材於渭畝，每采植於淇園。孝武置楗兮障河之勢，伶倫截筒兮吹律之元。至於後世爲簟爲笥，爲笮爲篊，魚笱鳥篝，米笆食籩，編箬覆艇，織笆樹垣，籧篨笭箵，不可究彈。製爲筆斗，實瞭創聞。匠心緯思，鏤剔精匀。奏刀運腕，疑於鬼神。學士家供之以爲玩，好事者襲之而如珍。侍從文房兮茶鐺酒勺，追陪清几兮香鼎花尊。龍劑之函兮作伴，鳳咮之匣兮同群。架珊瑚之床兮近俗，飾青鏤之管兮奚文。獨取素節以精劃兮，宛若天生寶器，而無雕琢刻畫之痕。

嘉定竹器賦

程穆衡

有上黨先生過東吴王孫，王孫款之，周覽文囿，圖史紛陳，尊彝錯糅。爰有器焉，其質朗密，其文刻鏤，布藻垂華，標題篆籀。王孫曰：「是出槎溪，擅名竹工。紫陽之裔，厥字小松。游乎帝邱，取節峌峒，攄思鎪攫〔一〕，詭瑋玲瓏。方潔白玏，比潤黄筒。後代師法，莫逮其通。願先生賦之。」先生曰：「唯唯，請言其略。」王孫曰：「昔〔二〕聞之穆滿以白雪興謡，虞舜有蒼梧淚痕，黄帝律生乎嶰谷，伶倫調合乎雲門，燕昭則移植汶篁，漢武則下楗淇園，竹之爲用大矣哉。若夫大江之隈，吴會故墟，白鶴南翥，練川東趨，聯延曠莽，敷粉扶疏，凌霜堅質，臘末春初，爾乃刈籠籦，截箖箊，剸剡度擬，挑膜出虛，細入毫髮，凝精躊躇。逮其成器也，則挼挈循手，摩練服膺，晝一哺而數起，夜十寐而頻興。故能斂神滋化，彩溢姿凝，微喙纖翎，動含生態，蛾眉曼睩，莫并精能。静有天游，非刓精於刻楮；施成大用，豈逞巧於鏤冰。於是邁良辰，娱清讌，縹帙朝陳，剡籐時薦。援虎僕之名毫，磨帝鴻之琛硯。將較逞於書叢，獵綈囊而文戰。斯器在列，精馳彩絢，匜鼎遜其清淳，圭璧輸其肉羡。夫其質雅而文蒨，故俾聲價之獨擅也。先生於是能無眷眷乎？」先生乃嗒然而興，憮然而歎曰：「夫萬物何常雕飾？斯貴鏐之精也，沉沙斯渝。璞之完也，觸石而劂。植物有是叢生蔚薈，匪遇良工屏諸灘瀨，鑽筰出其靡夷，鈒鏤比乎藻繢，幽士賞其華姿，騷人發夫清籟，君子所以濯磨者，有素斯芬芳，期乎未沫也。慎爾緹　，遠夫埃壒，常珍篋笥，用踰珠貝。」王孫曰：「善。」敬佩良箴，服之無艾。

節録鏐城賦

蘇淵

畸人逸士，鏤削尺管，隨色象類，悉中其竅。鳥欲舒翼，花欲舞風，人則瞪動而衣舉，蟲則股昂而氣雄。始之者小松，後之苗裔，終難彷彿其化工。

銘

友人朱叔子手製筆筒寄上韓大理請為之銘

婁堅

猗管城子，或含或濡，卷舒隨時，默不求試，試即霞舉，乃見其奇。用之書獄，其所平反，審克無疵。用之彈壓，朝廷以肅，靡有詭隨。晋而宅揆，濁可使清，傾可使夷。我之察廉，如彼秋毫，心正焉欹，朝考夜庀，退而即安，必慎其儀，整冠危坐，床無博山，屏遠伎帷。乃有野老，爲之考室，巧若工倕，截彼竹根，刻爲棱稜，瑩若琉璃。又爲之圖，貌一丈夫，坦腹委蛇，殆有道者，若營四海，邈焉深思，所思伊何，賞不酬勞，少恩見讖，用而不效，世所抹摋，愧無能爲。我銘斯筒，寄慨橐筆，孰簪且持。彼美人兮，碩大且儼，子是之貽。

秘閣銘 陳 邁

其心虛，其節直，切切磋磋，君子是式。

方竹杖銘 朱彝尊

何者扶我老，藤亦好，竹亦好，一莖劚中園，直方以爲寶。

筆筒銘

朱彝尊

筆之在案，或側或頗，猶人之無儀。筒以束之，如客得家，閑彼放心，歸於無邪。

竹鎮紙銘

查慎行

厚能鎮薄，尺寸青膚，重山岳。

竹背搔余名之曰王母爪有銘

汪　价

汝之事我密而久，左之右之無不有，惟我與汝，爲知心之友。

竹筆尊銘

侯開國

縱横筆陣，巑嶪管城。就我範圍，文從心生。

墨床銘

黄　謙

墨就硯，身滲水。墨離硯，首汗几。製爲床，便卧起。涅不淄，異孔氏。守其墨，似老子。

烟筒銘

此嘗草食火飛灰之管，盤古以來見者罕，今世躭之逝不返。嗚呼！酒有尊，飯有碗。

竹鎮紙銘

錢大昕

直以方，守吾常；静以鎮，去吾吝。伊此君之德兮，吾將以爲式兮。

古今體詩以作者之時代爲先後

嘉靖壬子朱清甫作一象簪相遺渾脱五六寸其背鐫石青行書兩行末復承之以朱印服之經今五十載髪之玄者為白簪刓減過半略無字痕嗟嗟物猶如此人何以堪詩以紀之

張名由

今詘昔贏類主君，材從香象蜕時分。千莖種種依蒼雪，四季迢迢想緑雲。夙夜彌縫共職謹，炎涼從事奉公勤。蟠頭半減昂藏態，劍脊全消款識文。伊笑頭顱已如許，我憐標格失前聞。花枝共插春風早，鏡面同窺暮日曛。世路久諳隨頫仰，小冠衝處白紛紛。

賦謝沈禹川為余銘杖

歸昌世

練水竹既佳，玉峰石亦古。竹石共清幽，與君互客主。一樽窗前月，雙屐山中雨。試看杖頭銘，微尚有如許。

臂閣譜

侯　汸

鑒、立二公偶過明月，立公玩一竹臂閣，予云：「若乞鑒公題四句，即屬家晉瞻刻以奉贈。」鑒公云：「大家拈來，庶有興會。」立公得一首，予得四首。及鑒公詩成，皆為輟筆。太倉黃進士適至，繼有和作。晉瞻為創新式，盡刻以傳，一時遂號高雲閣云。高雲道者名曉青，字僧鑒。

醉墨競龍蛇，健筆驅風雨。争誇腕力全，却諱憑君始。

此題贈立公作也。立公答云：「不忘玉版同參日，猶藉援毫著腕時。争似道人題得切，歲寒心託歲寒姿。」

摩挲自有光，瑩質如寒玉。交臂恐失之，留傍管城宿。

黃進士訒菴云：「剖竹是何因，七寸管其子。墨君揮灑時，汗簡恰避此。」

又云：「鎸刓復何傷，其性本孤隻。不肯圓曲人〔三〕，閑向兔園册。」汗簡、兔園，不知圓曲。許多人污衊，許多人得此提撕，交臂恨晚纔合。師恐失之旨，而余亦有感恩之頌也。

筆耕長苦辛，老臂支歲月。得子相周旋，虛中聽裁割。

予云：「一臂煩支撐，爾乃息其苦。君子本虛中，無可無不可。」訒菴笑云：「太占地步。」

劍舞與湍奔，悟得臨池草。狂者存其名，棄置休懊惱。

予云：「拈起一回看，何如竹篦子。懸腕法能傳，相資殊未已。」黃云：「捨身在勞人，力稀借小歇。若遇擘窠者，與君聊記莂。」吾視天下無棄物，不用之用乃可念也。故不忍作記莂語，相資是從旁說，棄置是當身說。各有所感，然乎否。

夙忝歲寒友，今叨秘閣郎。君應慎交與，墨者在其旁。

予詩云：「來從玉筍班，問君何所職。秘閣尚書郎，不淄戒其墨。」予語直遂，師更微婉，然謹身慎交，義亦各至。漫同竹篦參，聊作簡書畏。一節幸自安，金玉初非貴。

此師答予竹篦語也。訒菴云：「劈破是空虛，囫圇無可説。銷得錦半臂，篦子漫饒舌。」又云：「拈示不盈掌，是法是何法。籜龍歷劫中，賸取片鱗甲。」又云：「是物即非竹，非竹又何物。與我一作緣，莫笑爲我屈。」予戲之云：「和尚詩脱盡禪和習氣，我等却又落塹，莫須喫棒耶！」予第四首云：「感此交臂恩，不染何方著。從君夢花時，吾亦閣其閣。」師爲首肯，屬題立公詩，後刻而存之。

宋觀察荔裳先生仿古尊彝作竹罍屬予叔晋瞻為之因憶舍侄大年方客萊蕪不得親函丈談文章也　　侯　汸

客枕惟鳴鳥，簷光拂曙烏。碧梧晨已暗，明月夜終孤。刻竹尊罍富，盤螭制作殊。從君還一醉，衰夢向萊蕪。

竹罌草堂歌

宋琬

君不見練川朱生稱絶能，昆刀善刻琅玕青。仙翁對弈辨毫髮，美人徙倚何娉婷。石壁巉巖入烟霧，澗水松風似可聽。鏤玉雕犀安足誇，玻瓈可碎犧尊腥。白門濮生亦其亞，大樸不斫開新硎。虬髯削盡見龍蜕，輪囷蟠屈鴟夷形。匠心奇創古無有，區區荷鍤〔四〕羞劉〔五〕伶。妙製流傳真者少，何侯得之爲異寶。大書深刻作堂額，客至登堂多不曉。我來問名請縱觀，錦笥纔開真絶倒。黄倖蒸栗縝且堅，潤比瓊琚兼肉好。何侯啖我燒羊胛，華髮臨風除白帢。堦列唐昌觀裏花，欄餘甫里先生鴨。美酒元從白墮留，新篘更得青州法。南人不慣北人歡，繩床坐聽糟床壓。君不見蔡邕笛，千年人去亭名柯。詎若龍鐘古節大如斗，真堪一日十摩挲。銅盤絳燭朱顔酡，升君之堂爲君歌。年來已厭烏程釀，客中十斛須相餉。沙棠樹下牡丹叢，蓓蕾計日應全放。殷勤欲倩好風吹，痛飲還期明月上。預敕雙童洗竹罌，待余醉卧青絲障。

題沈兩之刻竹筆筒

蘇　淵

絶藝從來出勝流，雖然寸竹并琳璆。人逢古貌餘高致，手運神工得冥搜。莫謂雕蟲娱世俗，須知鏤玉重虞周。典章久棄無人識，寒暑荒江一老裘。

侯南蔭屬製筆筒因題

周乃始

正欲移船去，因君更寫蕉。要知相憶地，葉上雨瀟瀟。

楊聖榮竹篆歌

吴康侯

楊子由來負奇骨，巧貫天心穿月窟。靈威攫取丈人書，白鳳吞吐腸五色。抱膝衡茅二十年，魚書鳥篆一床眠。有腹能藏二酉秘，有手能開一畫先。款識能知正考甫，蘚剥岐陽周石鼓。岣嶁斷碣百靈扶，宣和博古安足數。篔簹嶰谷蟠根奇，危梯腐棧如取攜。雕鏤造化鬼夜泣，黄熊晝嘯猩猩啼。楊子楊子，放眼天涯走，不向五侯七貴淹杯酒。丈夫時來，鵲印高懸忠孝侯。纍纍黄金，肘後大如斗。王師洗馬昆明池，南平百粤東島夷。天清地晏，重譯還熙熙。請君大手勒石，高豎磨崕碑。

濟寧守吴岸青索竹秘閣寄一枚詩以代簡

趙　俞

微物一毛輶，曾因折簡求。削成同玉版，送去助銀鈎。未比魚鬚美，無煩鹿角酬。蕭齋容設此，名士必相投。

邑中朱清父號小松父松鄰子三松雕竹根為文具四方每貴重之吴郡金陵多巧工獨此非嘉定人不能傳其法

邑有隱君子，朱姓鶴其名。子孫三世嗣，曰纓曰稚征。操履皆完潔，炯炯玉屑清。生當隆萬際，嘉運方休明。醖此神秀骨，旁涉藝事精。筋竹拳根鬚，魁壘比茯苓。斫削水蒼玉，鏤鉥皆象形。筆斗口能受，臂閣腕可擎。藤樹舞鱗鬣，仙鬼凸目睛。故作貌醜劣，蝦蟆腹彭亨。以此試奇詭，精神若怒生。瑣細一切物，其勢皆飛鳴。畫理及篆刻，刀法乃交并。氣韻貴高古，不以智巧争。藏久瑩琥珀，爪甲觸有聲。懸購置几案，白金一餅贏。後學緬大雅，又欲開門庭。玲瓏具衆妙，却失前典型。技固殊工拙，亦視人重輕。即看書畫格，非其人不馨。倪黄孤高士，筆墨發精靈。未聞收碑碣，節録及蔡京。睠焉念桑梓，穆然懷古情。

詩筒為損持賦

查慎行

誰將圍寸竹，截作徑尺筒。粉筠削盡肌理出，玉質外瑩其中空。爲君滿貯詩千首，投以琅玕報瓊玖。寄去奚煩六六鱗，捧來須得纖纖手。

玩王翼陽鐫書竹器

女媧鍊石補四極，不及先生真筆力。草書懷素稱絶奇，運筆可學刀難師。世人鏤竹多迎俗，即有精工看不足。譬如嫫母醜容顔，强把胭脂徒爾沃。先生運刀猶運風，年來與初更不同。百家書體皆妙合，不似臨池久未工。嘗聞杜陵稱神畫，筆補造化天無功。我持此語贈先生，鐫書一字千古雄。

衎圃寄竹根杯

朱昆田

朱生飲家稱小户，終日多不過三蕉。性雖不飲喜人飲，愁壘每借生春澆。傾家一釀一百斛，觥船斗醆羅深宵。酒徒醉眠若魚貫，快意奚顧家人枵。今年一貧不可奈，種種已爲官租銷。官哥定汝不可得，無錢更買宣皇窑。景德新瓷價亦貴，鬭雞舊樣仍輕描。楠瘤杉癭但臃腫，椰瓢楷節非堅牢。吾鄉匏巵最晚出，五峰死後魂難招。每因酒事覓酒具，床頭但有顔生瓢。龔五知予嗜奇最，竹根十節精鏤雕。或作折枝垂果實，或作細草抽苗條。或於古藤竄鼯鼬，或作叢棘棲鷦鷯。秋蟲一一列瑣細，恍若趯趯還喓喓。水邊老屋足幽趣，松床菌枕同香寮。此杯雅與野人稱，罟師簑友分頭邀。銀杯羽化何須惜，長把荒齋破寂寥。

義侯漢侯兩弟以竹刻馳名事聞召見賜金侍養心殿晋侯弟因以竹刻乞詩遂次趙蒙泉竹刻詩韻贈之并志知遇之感

封毓秀

多能古弗貴，一技可成名。吾宗得兩弟，竹刻亦匪徵。創始自嘉定，極盛惟皇清。松鄰小松輩，工巧冠前明。豈期後作者，愈出還愈精。取材幽篁體，搜掘同參苓。或雕士女狀，或鏤神鬼形。奔走脛疑動，拏攫腕疑擎。或作笑露齒，或作怒裂睛。寫愁如困約，象喜如豐亨。豪雄暨彬雅，栩栩動欲生。獅豹互蹲躍，驊騮若馳鳴。器皿及鳥獸，布置來相并。摹仿擅獨絶，智勇莫能争。與兄晋鼎立，輩轂咸飛聲。見之盡歎賞，善價操奇贏。持以獻天子，徵召辭家庭。寵錫侍殿陛，大匠仰儀型。聖恩既優渥，報稱應非輕。嗟予世儒業，詩禮傳芳馨。區區守節義，上慰先人靈。何當抒素抱，對策游燕京。敢云千里足，伏櫪寧無情。

得竹刻芋香杯喜而成詠

王晦

對月無須泛羽觴，雕鎪緑玉芋生香。園荒何意兼收栗，酒美初疑誤食羊。未許閑僧煨作飯，祇應狂客醉爲鄉。一杯在手饒風味，竹葉從教傲索郎。

竹秘閣

不向湘江漬淚斑，琅玕收束讀書闗。金刀製并魚鬚笏，彩筆題來玉笥班。腕下重教神鬼運，池邊映帶水雲還。不知誰借扶持力，賺得空銜指臂間。極意雕搜破碧圓，清風拂袖欲生烟。才人賞識成青簡，妙手提攜綴玉編。免使練裙濡墨瀋，更無珠汗濕雲牋。拜官合在燃藜處，未羨綸竿釣渭川。

周晋瞻製山水竹筆斗歌

張錫爵

在昔楊惠之，畫與道子同。一朝發憤改塑作，遂以匠巧争天工。髯周幼學畫，吾邑推能手。時惟未巖與南華，胸羅卷軸氣温厚。髯雖英妙姿，詎能出其右。戲拈寸鐵琢琅玕，山雲靉靆澗草鮮。瀑布忽瀉銀河乾，仙禽濯濯整羽翰，石橋野客仰面看。荆關董巨不一法，銛鋒所至皆奇巒。製成雅器貯栗尾，明窗静供添幽歡。此藝實仿三松氏，謂松鄰及子小松、孫三松也。皆以隱德稱多技。王玉斧沈兩之承之各擅長，高古神完有妙理。百餘年來尚玲瓏，牛尾繭絲未易攻。錦包匣秘眩俗眼，刀法盡失庸工庸。髯也悠然守環堵，能出新意邁前古。藝通乎道信非虛，術貴乎擇方能樹。王張風流付杳冥，髯周材藝亦飄零。即今白髮被兩耳，日向南村挈酒瓶。吁嗟乎！古人妙義具經史，擇術還應進乎此。髯兮髯兮思我言，莫道蹉跎成暮齒。

題周晉瞻所製詩筒為昂千賦

朱厚章

虛中高節琅玕竹，收納乾坤清氣足。恰宜截取作吟筒，風月滿腔瑩冰玉。芝巖雅製仿唐賢，持贈野菴從所欲。野菴年少才識奇，詩格清癯語蒼樸。風流的是眼中人，餘子紛然空碌碌。吾聞詩者言之精，忠孝根心吐芬郁。千編萬軸爲我資，小物閑情隨所觸。妙詣原非雕飾成，工良只倚錘鑪熟。君緘此筒孰寄將，詎與時流貪角逐。但須全力掣鯨魚，不用多歧愛野鶩。指歸今古本同源，三百詩人相往復。

峻瞻贈詩筒

金惟駿

髯周歷落嵚崎士，遺我詩筒歲壬子。爾來鼎鼎一十年，意謂束筍多吟篇。復作一筒以相贈，輕圓尺五琉璃瑩。疏棄紙筆時已多，此筒長日空摩挲。

張宏裕為余製竹肖像戲題

王有香

泥塑如來隨處有，木雕迦葉亦尋常。阿誰似我誇新樣，賺得旁人喚竹王。
老可能爲竹寫真，而今翻借竹傳神。個中心地玲瓏甚，休認儂家木偶人。
蕭蕭禿髮不勝簪，垂老還爲抱膝吟。漫道一身多傲骨，此君原自最虛心。
窮經坐卧石床温，四體龍鐘目漸昏。莫怪容顏成老醜，眼看稚子又生孫。前歲已得一孫。

破除葷酒絶貪嗔，寂滅還同清浄身。賸有癡情消未得，睡鄉穩伴竹夫人。

平生癖性愛元談，擬向深秋借一龕。結個歲寒三友會，相邀梅圃共松莽。謂鳴初表弟、鴻莊兄。

題竹刻小像爲雪海作

王元勳

聞昔天地初，摶沙成眷屬。圖畫肇中古，像設傳西竺。重以黄金鑄，妙有栴檀琢。嚴飾到珠璣，鐫雕及珉玉。肖形無不爲，用物惟所欲。吾鄉有逸士，朱三松。巧劚南山竹。鐵筆代豪翰，劖削開林麓。或貌古仙人，巖間騎白鹿。童子丱兩角，老僧皤其腹。餘事及禽魚，遠意託緬邈。君今出新意，令摹真面目。曾無運斤傷，何須分段續。儼然神氣完，似覺鬚眉緑。得此身外身，不瘦亦不俗。我家愛竹癖，耽□□□□。遺韻想柯亭，元音託嶰谷。虛中見□□，□□知無曲。雪窗松與梅，秋圃蘭兼菊。臭味少差池，庶共娟幽獨。

王雪海師竹刻小像歌

沈宇

吾聞古有人面竹，老幼紛紛如聚族。又聞長房遇仙游，壺中竹杖代形身。遯伏種種，世間變幻，相苦無真，實誰歸宿。豈如吾師王夫子，巧借人官成物曲。劚取菴前抱節君，寫出廬山真面目。家世與竹有故舊，到處相親不嫌瀆。子猷不可一日無，七賢林下時追逐。先生更欲與之化，阿堵傳神容可掬。我即是竹竹即我，不隔形骸與軀肉。東坡先生云，無肉則瘦無竹俗。今以竹爲體，瘦骨肖且酷。況是翛然絶俗人，寓形比德兩無惡。猗有文產，淇澳律和，聲生嶰谷，蒼莨之美。篔簹材一身，薈萃俱涵蓄。游之於竹院，貯之以竹屋。竹床竹几竹簟清，竹皮之冠凈堪服。竹符調水竹葉杯，竹爐火活茶初熟。手執一簡汗，竹文竹露聲。中夜深讀孝竹頌，初陳孫竹枝還續。蒼髯縞袂結比鄰，玉筍班行兩爭沐。心如翠管老更虛，身似霜筠冬長緑。有時偏袒竹素園，摩挲經史便便腹。笑殺人間刻劃工，但知粉飾形骸摶土木。

題張宏裕竹刻小像三十韻

張　灝

剖竹開生面，權輿古未嘗。不須三徑闢，已與七賢當。質以篔簹選，工從刀尺量。幻形游陸海，觀象筮蒼莨。馬憶童時策，冠仍劉氏妝。如苞根柢厚，有斐琢磨光。節勁躬常鞠，秋深夢亦凉。前緣參玉版，小住憶瀟湘。娟秀真皮相，平安久坐忘。寄懷何灑落，得意在清蒼。品到此君静，人休問主忙。萍蹤青士信，梗概緑卿商。嘘氣原調律，忘言孰鼓簧。蕭疏新鶴鬌，葱蒨舊詩腸。搦管眉同語，垂簾影共相。等身惟簡策，餘味是風霜。骨重寒知耐，心虚老更長。卧游慈母舫，徙倚女兒箱。別有胚胎肖，難從肩背望。精神憐紙薄，傀儡陋泥僵。刻石憂時泐，鎸銅慮太剛。檀刊嗤木偶，金鑄佞空王。胸臆成天巧，鏤雕得地良。留斑衣自稱，削玉佩疑鏘。却暑夫人伴，盟冬我友卬。斸烟空宅畔，修禊茂林旁。*王雪海。*仙蝶笱堪託，*莊月海。*柯亭跡自藏。*蔡耔田。*侏儒知善謔，優孟笑登塲。一日情難已，三生約未央。蓮花身世現，顛末記華陽。

竹刻烟筒

荆湘竹子蜀滇銅，巧斫精鎔匠製工。肯以虚心安冷淡，留將直節示圓融。横陳瑶席霞光起，倦倚蘭閨麝氣通。酒醆茶鐺成素侶，幾番石火借微紅。入握不雜薰蕕氣味清，靈犀一點最通明。妙傳呼吸仙人訣，善遣蕭閑逸客情。儼同斑管様，頻吹不作洞簫聲。咀含味到津津處，直似流涎向麴生。曾是虚中特達材，奚僮隻手款攜來。模稜未免因人熱，到底何妨剩劫灰。月夕花朝時把握，旗亭幔壁也追陪。尋常挂齒初無礙，玉箸牙籌莫見猜。薄霧輕雲冉冉吹，朋儕聚處每交枝。原知通塞無常局，不信炎凉只片時。蠻嶺曉鞍消瘴氣，蕉窗夜檠佐文思。淡巴菰已知名久，燃熄憑渠獨主持。

傳跋

箊先生傳并序

淡巴菰産自吕宋，前明始入中國。初惟戍邊軍士用以辟瘴驅寒，繼而流傳漸廣。近則名之為烟，或作箊。截竹鏤銅，以通呼吸，號曰烟筒，用代香茗。沚溪居士酷嗜之，爰戲作《箊先生傳》云。

先生系出竹氏，湘川望族也。其父娶滇南銅氏女，相配甚得，既而生先生，名之曰筒，别號虚中先生。賦性明通且圓融，不露圭角，然能持勁節，不屑拳曲隨俗，故爲時所珍重。前明嘉靖間有淡生者，本粤東夷産，以醫術游中華，善治瘴癘、驅寒疾、消膈脹，屢試輒效，中土人争延致之，然非先生爲介紹不能遽達，故先生與淡生交最密，寒暑與俱，頃刻弗離也。先生既知名，常侍直禁中，一時公卿士庶人無不樂與晋接，族大寵多，居然世家矣。迨行年既耄，胸中窒滯，無復往時通敏，乃造海陬茅處士之廬，而告以故，處士多方爲之開導，始得豁然以通。逾年益衰朽，形容傴僂，度不可復用，乃隱居牖下，頹然自放，以終老焉。今其雲礽流播諸郡邑，森森卓立，皆通材也。其發源則始於吴之練川，箊氏之昌，至今未有艾與。贊曰：虛乃心，砥乃節，性温存，氣芳烈，藹五色之流霞，侶靈仙以吞咽。

跋宗鶴問竹秘閣後

吴　綺

宗子得竹秘閣一具，厥質爲良，其工特妙，相其正直，不殊君子之居身，助彼英華，每伴詞人而運掌。華子比之陶瓦，言分銅雀之形。汪君謂爲策書，用鏤赤龍之字。二者辭既工而調美，兩君名雖異而實同。從此品重裘鐘，辭高筆架；築書城之偃月，長從管子登臺；銘筆陣於凌雲，欲爲班生剖券矣。

校勘記

〔一〕「攫」，張氏本作「钁」。
〔二〕原作「走」，據張氏本改。
〔三〕底本此處缺頁，自「不肯圓曲人」至「囫圇無」一段係據張氏本增補。
〔四〕原作「插」，據張氏本改。
〔五〕底本此處以下缺，據張氏本補。

附録

李賡芸序〔一〕

褚、虞、歐、薛之書，荆、關、董、巨之畫，假於紙以傳者爲多。紙始於搗綱，繼之以楮，繼之以竹，今則竹之質爲多。竹而紙，百鍊剛化爲繞指柔，失其性也，不可問矣。古人之用不然。《考工記》：「築氏爲削。」高密鄭君注曰：「今之書刀。」蓋書契既肇，簡册斯興，筆之削之，胥以刀用，此即築氏之所爲，而産於魯者也。後之造紙，削與簡均廢。乃吾邑人獨能以刀鋟書畫於竹，而無藉於紙，殆得古人用削用竹不傳之遺意，而益加精妙者與。其技創於明人，至今傳者不絶。然高手殊不易得，其佳品嘗入内府，仰荷純皇御題，名播海内，顧無專書以譜録之。金外翰堅齋，承累葉之簪紱，儲藏名跡甚富。尊甫樂圃先生，余從舅氏之東坦也，長於鑒别而淡於榮膴，登賢書則計吏不偕，銓儒官則引疾不赴，澆花蒔竹，日事著書。堅齋幼承庭訓，饒有父風。循陔采蘭以娱親，焚香瀹茗以待客。入其室，琴書秩然，几無纖塵。人品之高潔，方之幽蘭修竹南山喬梓，蕭然皆有隱君子之風焉。今歲長夏，堅齋搜羅刻竹之姓名，作《竹人傳》，旁及於題詠之類，郵以示余。喜其體裁簡净，持擇謹慎，不遺不濫，用以備吾一邑之絶藝，則亦不可少之書，而必傳之作也，因慫恿梓行。聞君尚有《國朝書家考》，卷帙頗富，他日成書，尚願得而讀之。嘉慶十有二年季秋之月，李賡芸生甫氏拜手識於嘉興郡齋。

褚德彝序〔二〕

商周文史，惟有契刻。殷商契於甲骨，成周刻於竹簡。不及百名書於方，百名以上書之策。學僮操觚，士夫殺青，皆籍刀聿以傳文字。秦漢以後，喻麋不律，設備益精，簡策遂歸淘汰矣。明中葉摺扇流行，濮仲謙、李文甫多刻扇骨。嘉定朱松鄰所作亦精巧，爲時所重，邑人仿效者尤多，練水竹刻名聞宇内。金堅齋内翰輯邑人之工於斯藝者，考其姓名、作品，凡得若干人，名曰《竹人録》。惟是書甫刊成即經庚申劫火，傳本甚希。友人鄞秦彦沖以此書印本罕覯，懼其久而失傳，因手自校寫，付工印行，不僅練川文獻賴以保存，即竹刻藝術亦不至久而失墜也。戊寅年春三月二十六日，餘杭褚德彝記於上海頤德坊寓廬。

時汝鑑　時以成　時大經〔三〕

汝鑑，澄之子，字芳林，善陰陽文爲人物花卉，工古篆、八分書。以成字炳南，澄之孫，芳林之子。承祖、父風傳，工陰陽文山水，深淺合度，雅俗共賞。其爲花卉，尤能出新意動人也。大經，炳南之次子也，字甫堂。其刻陰陽文山水，悉遵前人規矩，得清勁灑落之致。尤擅花果、酒杯、貼簧之屬，爲插屏、聯對、珠盒、翎筒、圖章、都盛盤及閨媛奩具，始創貼簧，追前人所未及。榲帖、琴、劍諸品，俱極工巧精雅。特創一格，後生可畏，時與張學海稱「兩美」云。

嘉定縣志節録〔四〕

竹刻始於朱松鄰，傳子小松，孫三松益臻神妙，而侯崤曾、秦一爵、朱幼芳、王永芳繼之。國朝殷永清、楊褒、劉起輩皆高逸之士，託興奏刀。至竹根人物，推封氏一門，施天章、周顥尤卓著。若顧氏竹筒過巧易壞，非傳作也。竹刻以畫手行刀法，樸老爲貴，以工細争勝，古意已失。近來專尚託青，并刀法亦失傳矣。

張雲棟注〔五〕

是録係外翰金堅齋於嘉慶丁卯夏所著，梓行已久，海内播名。自遭庚申〔六〕之變，板既毁去，書亦罕存，邑中惟姚氏存此一原本。因本邑修志，搜羅舊跡，姚氏本始出，而人得覩也。吉光片羽，人皆寶貴。是本甫堂囑汪子硯孫手鈔，會未裝訂，置案頭，被貍奴爪碎數頁，囑余補録之，爲稍校對，并叙其祖父始末，以留示後人。從此精益求精，箕裘克紹，繩繩繼繼，藝術真未有艾焉。後學張雲棟注，時同治辛未五月二十八日。

竹人録跋〔七〕

吾嘐刻竹名播海内，清季道、咸以後漸尚貼簧，本意浸失，業者列肆以營生，則竹賈而非竹人矣。光緒初，張學海年七十餘，獨能以竹根雕刻大件人物，生氣翼翼，深得鄉先輩刀法。學海殁，而此法遂成《廣陵散》矣。是編原刊不獲，見得時湘華君家藏鈔本，源流支派，如數家珍，恍然於竹人之可貴，實非近世竹賈所可同日語也。懼卷帙散佚，而我嘐特殊美術後將無從考證焉，亟付手民，藉資保存云爾。民國十一年夏曆壬戌中秋里後學張爾延鴻年氏識。

重刻竹人録書後〔八〕

張子鴻年，博學好古，精鑒别，舉凡吉金樂石，以及書畫鼎彝，罔不羅列蒐集，而於鄉先達手澤，雖尺楮寸縑，亦必兢兢保存。今秋出金堅齋先生《竹人録》鈔本見晾，謂將付剞劂，屬任校讎之役。因展誦數過，重加斠勘。惜是録輾轉鈔胥，譌文脱簡，觸目紛然，幾至不能卒讀。金氏原刻燬於兵燹，一時杳不可得。其間帝虎陶陰，未盡校正刊譌，良用恧焉。我家曩時藏有舊鈔本一册，先大父味荃公曾題跋語，并譔《竹人續録》，自有清嘉慶迄光緒季年別爲一卷，朱君味蘭假去録副，未幾而朱君客死會稽，原本遂至遺佚。今且不知流落何所，實爲藝林一大恨事，惟冀海内藏書家有得之者，幸付梨棗，以惠後學，是亦張子之所旦暮期望者耳。壬戌秋九月，邑後學葛維楨校竣并識。

校勘記

〔一〕底本無，録自張氏本。

〔二〕底本無，係褚德彝爲秦氏本所作序。

〔三〕底本無，録自張氏本。

〔四〕底本無，録自張氏本。

〔五〕底本無，録自張氏本。

〔六〕原作「辛」，據文意誤，現據秦氏本褚德彝序「庚申劫火」之語改。

〔七〕底本無，録自張氏本。

〔八〕底本無，録自張氏本。

竹人續録

竹人戲栽

目録

竹人續録自序〔一〕

竹刻權輿於唐，盛於明代。金陵濮、李，嘉定朱、侯，各擅雕鎸，咸稱絶技。文房傳習，寖成風尚。扇刻印之餘芬，得削觚之遺意矣。嘉慶中，嘉定金堅齋内翰搜集刻竹家姓名、里貫，爲《竹人録》，後附前人歌、詩、銘、贊，表前代之藝術，禆鄉邑之文獻，意至善也。嚴冬擁爐，不出户庭，瀏覽一周，以金《録》限以練川，微嫌太隘，因剌取諸書，或驗諸器物，自唐至當代，凡得若干人，又以懷璀《書估》，并及時賢近人技術殊絶者，并加甄録，都爲《竹人續録》一卷。其遺聞佚事有關竹刻者，輯爲《脞語》一卷附後。後之志藝術者，或將有取於斯。庚午夏四月，餘杭褚德彝記於上海。

校勘記

〔一〕此處「竹人續録自序」六字係據書口題字增補。

唐人刻筆管

唐德州刺史王倚家有筆一管，稍麤於常用。筆管兩頭各出半寸已來，中間刻《從軍行》一鋪，人馬毛髮、亭臺遠水，無不精絶。每一事刻《從軍行》詩兩句，若「庭前琪樹已堪攀，塞外征人殊未還」是也，似非人功。其畫跡若粉描，向明方可辨之，云用鼠牙雕刻。宋郭若虛《圖畫見聞志》

彝案：竹刻不知始於何時，觀此一節知始於唐人。近日于嘯仙等皆能於箑邊刻極細書畫，須顯微鏡方能辨。世人驚詫，以爲創作，不知千餘年前已有爲之者。吾國文化開發最先，故雕刻工藝亦皆古勝於今耳。

詹成

詹成者，高宗朝匠人，雕刻精妙無比。嘗見所造鳥籠，四面皆花版，皆於竹片上刻成宮室、人物、山水、花木、禽鳥，纖悉俱備，其細若縷，而且玲瓏活動。求之二百

餘年，無復此一人矣。《輟耕録》

李流芳

李流芳，字長蘅，號檀園，江蘇嘉定人，舉人，爲四先生之一，工書善畫。偶游戲學朱松鄰刻竹，摹印效文國博，亦皆不在二子下。《竹箇叢抄》

李耀

李文甫，名耀，金陵人。善雕扇骨，所鎸花草皆玲瓏有致。亦能刻牙章，嘗爲文三橋捉刀。《竹箇叢鈔》

後又有蔣三蘇臺、荷葉李、玉臺柳、邵明若、李文甫耀、濮仲謙，雕邊之最精者也。《秋園雜佩》

張應堯

竹秘閣長八寸，闊三指許，摩弄熟滑。面有唐寅畫桃花一樹，刻畫精妙，不啻絹素。田水月爲銘，書其底，云：「中書、大書，用肘與腕；蠅頭、粟粒，把須踵管。閣以擎之，墨不涴肘。刻竹爲閣，創驚妙手。刻者爲誰，應堯張叟。」徐文長集内載此銘，稍易數字。雖文房小技，妙兼三絶。予得自毗陵。《享金簿》

王尚廉

王尚廉，字清宇，金壇貢士。有巧思，製洞簫、印章俱精絶。《無聲詩史》

濮澄

濮澄，字仲謙。有巧思，以鏤刻名世。一切犀玉髹竹皿器，經其手即古雅可愛。公卿募致，一簪一盂，視爲至寶。《太平府志》

南京濮仲謙，古貌古心，粥粥若無能者，然其技藝巧奪天工焉。其竹器，一帚刷竹筅耳，勾勒數刀，價以兩計。然其所以自喜者，又必用竹之盤根錯節，以不事刀斧爲奇。則是經其手略刮磨之，而遂得重價，真不可解也。仲謙名噪甚，得其款，物輒騰貴。三山街潤澤於仲謙之手者數十人焉，而仲謙赤貧自如也。於友人座間，見有佳竹、佳犀，輒自爲之。意偶不屬，雖勢劫之，利啖之，終不可得。張岱《陶庵夢憶》卷一

張希黃

張希黃耳消息小筒一事，留青陽文，漁父攜一釣竿，釣絲之末，小魚一尾作撥剌，形極生動，腰間繫捕魚筒。旁有句云：「風約約，雨霏霏，無數蜻蜓立釣絲。」下署希黃兩小印，通體去地陽文。此法今失其傳。按錢宫詹記《周山人傳》云：「吾邑自朱松鄰父子以畫法刻竹，厥後有沈兼、吴之璠、周乃始諸人。山人以八十九歲卒。族子笠，字牧山，兼能畫。」藝海樓有《竹人傳》一册，所記濮仲謙、張希黃諸家甚詳。《前塵夢影録》

彝案：曾在金西厓家見希黄刻筆斗一件，款署「希黄」，下有張宗略印。惟里貫不可考耳。或云江陰人，未知是否。《竹人録》中所録皆嘉定人，濮、張二人不在内，徐氏誤記也。

往予在海王村荒攤上以錢五百得張希黄所製竹秘閣一事，竹作平面，隱起山水樓閣，工細絶倫。似小李將軍畫圖，主峰突起，崚嶒岁崱，欲插霄漢，而雲氣斷之，穹不見頂，下不見麓，雲勢或濃或淡，縹緲卷舒，如置身黄山始信峰上觀雲海也。下作水村漁莊，蟹舍映帶垂楊，叢葰中或明或暗，似有夕陽蔽虧其間，間以漁家晚飯，炊烟縷起，臨水草樹亦饃糊滅没，若有若無，又儼然趙大年小景也。其餘點綴人物，并生動有致，界畫樓臺亦精麗可喜。悉不記，以其爲竹人所共能也。凡雲氣、夕陽、炊烟，皆就竹皮之色爲之，妙造自然，不類刻畫，亦奇玩矣。題句書法類趙鷗波，款署「希黄子」，并朱白文小印各一，亦皆以竹皮爲之。計長一尺二寸，闊二寸强，厚六分許。《舊學盦筆記》

余曾得希黄秘閣一，長四寸餘，留青刻崇山峻嶺，棧道盤旋，林木叢雜，峽間有一小舟順流而下。題云：「輕舟已過萬重山。」下希黄款。

車衮

今簫非簫也，蓋古尺八。近有臨川車衮，擅其巧，今世稱洞虛子者是也。衮，戴湖村人，字龍文。幼涉學，凡藝近文史者皆工，而尤妙於竹。凡竹之屬皆善，而最善者竅尺八也。自言年七歲，弄俗簫成聲，輒惡其聲，十歲時得吴中簫吹之，亦不饜己意。然好彌甚，至妨語食，剡刳刻鏤，大變舊法。晝則操作水濱怪石，傍或入幽岫林樾蒼箐中，當月野霜庭、鳥睡蟲醒之際，啓塞抑按，未嘗去手。一日悟其法，起舞拍床，罵前人聾鈍，不聞此妙矣。頃之，其鄉人持一管萬里外，遇解音客，購之萬錢雙絹，自是洞虛子簫聞天下。顧産僻左，足不到吴越歌舞場，家居十指不給。其後俗簫稍稍竊其粗似，丹碧之，名洞虛，售吴市，暴得直，而真洞虛子家故貧自若也。時淡宕以酒人客高門雅士間，語次罵坐，衆欲毆之，已而聞簫聲，滿坐皆歡，又相洗醆更酌，蓋其爲人如此。四方之知洞虚子者，至今莫知其何許人也。其簫表裏濯治，得議制之妙，無瑕聲，無累氣，飾以行草秀句，山水漁釣，宫觀烟樹，人物花鳥蟲豸雜工，寫描勒入神。而其獨得之妙在選竹，竹至千輒取十一，蓋有柯亭、爨下遺識乎？嘯詠之頃，輒以斤鋸自隨，園公林監或呰病之，好事者賞其僻，不問也。予嘗得二焉。其一《瀟湘合流》，八景分峙，隙間題詠，毫髮可數。其一《十八尊者圖》，李龍眠筆，蘇子瞻贊、秦太虚記皆具。嘗置酒傍琴而吹之，余因謂子：「是藝如北方佳人，遺世獨立，餘粉黛皆土苴耳。昔人品庾信月明孤吹，然非洞虚簫，寧稱子山文乎？」袁大喜，遂別琢一枝遺余，雕以一邱一壑一觴一詠，而題其上云：「青筠欲託王褒賦，明月吹成庾信文。」且曰：「簫之壽計年計十，人之壽計年計百。先生作傳，洞虚子之壽不可計，敢請。」予笑諾之，因訪其利病最要處，袁乃曰：「簫孔斜出貫綸者兩，宜差後而斜睨，勿居中而徑往。」余愛其聰巧絶倫，戲爲《簫洞虚傳》傳之。嗟乎！恐亦如流馬木牛，尺寸具諸葛書中，人不能用也。李猖厓《中國藝術家徵略·傳占衡説》

李希喬

石鹿山人名希喬，字遷于，姓李氏，世爲徽之歙人，以善書客四方。從予游十年，忠謹無失，出入官舍，未嘗私一錢，聞善言則録而藏之。無貴賤智愚，强其書，悉應無忤色。其賢者，物色而尊禮，退然謝不敏。其不知者，傭遇之，不以爲病。少時苦貧，嘗學賈，不利，遂專學書。通六書大意，用浮屠戒，不食肉，有不能供伊蒲者，即它饌，中擇蔬而食，食已則盥漱。讀釋氏諸書，堅坐至中夜。其人貌愿樸然，沉静多藝能，嘗畫石竹，摹勒人物，工篆，刻雙鈎法帖，又斫竹爲臂閣，及界尺鏤刻，燦然如寫生，捫之無毫髮跡，雖近世濮仲謙，號竹工絶技，不是過也。嘗爲予鏤二片，皆爲人奪去。予戒其輟勿爲，而求之者日衆。年將五十，得脾疾，數不安穀，一發輒劇，予謂其不宜久客也。將謝予，還山中，始次其行事爲小傳。山人賢而執勞，貧而不怨，非其力不食，而間以藝見。嗟乎！今天下皆皮相，知之者鮮矣。山人嘗自署「石鹿」，故予稱石鹿山人。《愚山文集》

潘西鳳

潘西鳳，字桐岡，號老桐，浙江新昌人，僑寓廣陵。善刻竹，偶於越東黄岡嶺得奇竹，裁以爲琴，而闕其徽，爰以竹鬚代調之，成聲且清以越。以其餘技鐫刻印章貽諸戚友，一時尚之。子封，字小桐，亦善製竹印，能傳家學。《飛鴻堂印人傳》

彝按：乾隆時有李竹友者，亦精刻竹器。見《隨園文集》。彝曾見老桐所刻湘竹扇骨，板橋就竹斑畫梅二斜枝，上題一詩，老桐署款其下，現歸張適園。老桐嘗選佳竹，摹刻十七帖，館本凡十二簡，後有翁覃溪跋。嘉慶時收入内府，三年前又由内府流落人間，爲某估所得。余曾見之，精妙無匹。

喬林

先生姓喬氏，諱林，字翰園，號西墅，晚年又以墨莊自號。先世自山右遷江南之寶應，再遷如皋，占籍者六世矣。少而汲古，不爲俗學，精研古文篆籀象形、會意之原，所作篆隸淳古渾勁，得秦漢遺法，而摹印繆篆尤妙絶一世，用刀如用筆，試以玉石、銅鐵、竹根，無不如意，人以爲神技云。《潛研堂集》

喬林，字翰園，號墨莊，如皋人。善篆隸，鎸晶玉瓷牙圖章，各臻其妙。而手製竹根章尤精雅絶俗。子昱，字丹輝，號鏡潭，能世其業。《墨林今話》

武風子

武風子者，滇南之武定州人，名恬，先世以軍功官於衛。恬以胄子少學書，已棄勿學，性好閑，不謀榮利。嗜酒，日惟謀醉。簞瓢屢空，晏如也。凡游藝雜技，過目即知之。滇多産細竹，堅實可爲箸。武生以火繪其上，作禽魚花鳥、山水人物、城門樓閣，精奪鬼工，人奇之。每得其雙箸，争購泉數百。於是武生之交戚貧者，因以爲利。生顧未嘗售也，頗自珍重。一箸成，輒把玩不釋，保護若頭目。或醉後痛哭，悉焚之，醒後悔，悔而復作，然靳不與人。好事者每 其謀醉，時置酒招之，造必盡歡，酒酣，以火與箸雜陳於前而不言。生攘臂起，頃刻完數十箸，揮手不顧也。或以酒中以箸相屬，則怒，拂衣出，終身不與之見。或遇貧士及釋道者流，告以困窮，輒忻然爲之，雖累百不倦。於是滇之士大夫或相餽遺，皆以武生箸爲重。王公大人游於滇者，不得武生箸爲恨。先生固落落儒生耳，未嘗以風子名。丁亥之歲，流賊從蜀敗奔，假號於滇。滇士民慴於威，波靡以從，生獨匿深箐中不出。賊於民間見其箸，異之，僞召不得，因懸賞索之。或告曰：「曷出以圖富貴？」生大笑，曰：「我豈作奇技淫巧以悦賊者邪？」偵者聞於賊，縶以來。至則白眼仰天，無一語。命作箸，列金帛於前，設醇醪於右以誘之，陳刀鋸以恐之，亦不應。賊怒，將斬之，縛至市曹，而神色自若，終無一語。賊帥有侍側者曰：「腐鼠何足膏斧鉞？曷縱之？徐徐當自逞其技也。」釋之，而生自此病矣。披髮徉狂，垢形穢語，日歌笑行市中，夜逐雞犬與處，人遂目以「武風子、武風子」云。及王師定滇，風子病少差，亦稍稍爲人作箸以謀醉，人重之逾常時。安定守某者受貴人屬召爲之，不應，守怒，撻之於庭，血流體潰，終不應。自此風子之蹤跡無定矣。或琳宫梵宇，或市肆田家，往必數日留，留必作數十箸以謀醉。然出入無時，其箸可得而不可得矣。予嘗見其箸，作《淩烟閣功臣圖》者，箸粗僅及繩，而旌旗鎧仗，侍從衛列，無不畢具。至褒公、鄂公英姿毛髮，道子傳神，莫或過之。其畫細如絲，深紺色，入竹分餘如鏤。武定太守顧與山爲予言，其作箸時，削炭如筆數十，置烈火中，酒滿壺，伺炭末紅若錐，左執箸，右執炭，肅肅有聲，如蠶食葉，快若風雨，且飲且作，壺乾即止，益之復作。飲不用杯杓，以口就壺，不釋酒，期醉，醉則伏火而卧，或歌或笑，不知其所往。逾數十日或數月復來，復卒成之。其狀貌如中人，年近六十餘，拜跪揖起，無異少壯。惟與之語，則風子矣。與山曾作《武異人歌》贈之，故時往還。但所繪故事多稗官雜劇，有規以雅馴者，笑而不答，亦終不易。或曰非病風者也，或曰其有道者與，不然何富貴不淫，威武不屈邪？予於是作《武風子傳》。《邵村雜記》

武風子，雲南之武定人，名恬，或言其先軍衛官也。嘗行乞市中，或寄寓僧寺，狀若清狂不慧。特有巧思，能於竹箸上燒方寸木炭，畫山水、人物、臺閣、鳥獸，曲盡其妙。畫淩烟閣功臣、瀛洲十八學士，鬚眉意態，衣摺劍佩，細若絲粟，而一一生動。或以酒延致之，以箸散布其側，醉輒取畫，運斤成風。藩王、督撫、藩臬大吏欲邀致，即逃匿山谷，不見也。其箸一束，值白金數星。宦滇南者，遠餽京師，充方物，亦奇技也。風子醉後，或歌或笑，或説《論語》，有奇解。年六十餘卒。盧氏《雜記》曰：「王使君椅，有筆一管，約一寸許，管兩頭各出半寸，中間刻《從軍行》一幅，人馬毛髮屋木亭臺遠水，無不精絶，每一事刻《從軍行》二句，云用鼠牙刻之。」故崔郎中鋋有《王氏筆管記》，此其類焉。《池北偶談》

朱宏晋

朱宏晋，字用錫，號冶亭，一號敏齋，江蘇長洲人。性機巧，精撫印，凡金銀瓷竹牙角，無不擅長，而刻玉尤精絶。晚年技益工，凡刻玉、款識、花草及雕漆諸作，皆妙入纖微，不可方物。古所稱刻楮之巧，偃師之藝，不足道矣。《印人傳》

吴士傑

吴士傑，字雋士，號漫公，安徽歙縣人。精篆刻，金玉牙瓷竹，無所不善，時戲爲人鎸砌硯銘，亦超出時輩。《印人傳》

王乃恭

王乃恭，字以莊，號石君，浙江嘉興人。曾見一秘閣刻一漁，披簑挾一釣竿，作薄地陽文，可與方治庵抗手。據《竹刻録》

岳鴻慶

岳鴻慶，字餘三，嘉興人，倦翁二十二世孫。工刻竹。《蘿窗小牘》

岳鴻慶，嘉興諸生。喜吟詠結社倡酬，晚專集唐人詩，有《餘三集》。小印鐵筆

與曹山彦齊名。《再續印人傳》

彝藏紫檀大筆筒，張子羊畫梅，繁枝横出，千花萬蕊，彷彿羅浮老幹也。老幹多皺，使刀如筆，真絶技也。款云：「戊午夏四月，子羊寫，餘三刻。」

韓潮

韓蛟門潮，歸安諸生，精刻竹。扇邊骨小行楷，可作數百字，圓轉自如。尤善摹鐘鼎，款識陰陽文，渾樸無比。《墨林今話》《楊見山文集》

馬根仙

馬根仙，吴人。工刻扇骨，作陽文花卉士女，窮工極巧，人莫能及。《見聞隨筆》

楊秉桂

楊秉桂，字辛庵，浙江秀水人。工書畫刻竹，近楊聾石。據《竹刻録》

朱寶騮

朱寶騮，字又原，浙江德清人。工書畫，精刻竹，多摹寫金石文刻法，仿韓蛟門一派。曾見爲瑞廷刻箑邊，款署「丁丑季秋刻於菱波次」，一面刻金文，一面刻元康專文，陽文古雅。據《竹刻録》

文鼎

文鼎，字學匡，號後山，浙江秀水人，諸生。工書畫，善刻印，學漢銅印。精刻竹，凡箑邊及秘閣，皆自爲書畫，刻山水不下周芷巖。據《竹刻録》

沈振名

沈振名，字藕船，又號老藕，浙江石門人。余見其爲李遇孫摹刻竹垞《烟雨歸耕圖》於竹秘閣，圖爲顧中村樵泉唐戴葭湄者，有程穆倩、周簹谷及竹垞自題，鎸刻精

妙，款題「道光戊子四月」。據《竹刻録》

彝案：《蘿窗小牘》作「沈振銘」，恐誤。

孫三錫

孫三錫，字桂山，浙江海鹽人，官盩厔縣丞。工刻印，刻竹尤精。據《竹刻録》

方絜

方絜，號治庵，字矩平，浙江黄巖人。精於鐵筆，刻竹尤爲絶技。凡山水人物小照，皆自爲粉本，於扇骨、臂閣及筆筒上，陰陽坳突，鈎勒皴擦，心手相得，運刀如用筆也。嘗游禾城，每一藝出則手拓以贈同好，人争寶之。《墨林今話》

方絜，歙籍。善刻人小象，或臂閣，或筆筒，以其技遨游吴越間。嘗見其爲六舟達受作廬山行脚圖象於竹臂閣，鬚眉畢現，六舟云：「方曾爲阮文達公作八十小像，

更佳。」後殁於禾中。《前塵夢影録》

彝按：此臂閣現在吾友朱起莘處，背面顧西梅畫《小緑天庵圖》，徐問渠題贊小像，下有湯貞愍作銘。

黄巖方治庵絜工畫，尤精刻竹，能於竹秘閣上刻人小影，鬚眉畢肖，一時稱絶藝。前人有張鳴岐銅、沈鷺雍錫、朱華玉銀、陸子岡玉之目，是則可稱方竹矣。予嘗見其竹刻拓本一册，真無上逸品。張叔未解元題云：「竹人自昔疁城傳，祗恐輸君更擅場。」非虚譽也。著有《石我齋吟稿》，詩未見佳。《白嶽菴詩話》

殷樹柏

殷樹柏，字縵卿，號雲樓，浙江秀水人。工畫花卉，得周服卿之神。好刻竹，嘗作小楷數百言，書之箑邊，刻甚精妙。據《竹刻録》

曹世楷

曹世楷，號芹泉，浙江秀水人，山彦之兄。精於鐵筆，所鐫竹木諸品窮極工緻，聲價日增。《廣印人傳》

曹世模

曹世模，字子範，號山彦，浙江秀水人，諸生。刻印仿漢銅印，得其神致，一變浙派，爲劉燕亭所賞。刻竹尤精。《廣印人傳》

楊澥

楊澥，原名海，字竹唐，號龍石，江蘇吴江人。善篆刻，爲江南第一名手。晚病偏枯，不利捉刀。《廣印人傳》

彝案：龍石刻竹尤精。嘗見其所刻秘閣一，刻一古松。上虞石伯棠藏其刻箑邊，摹金文底，皆深圓，與他人不同。

張濤

張濤，字青田，號子白，嘉興人。能篆刻，尤精刻竹，作點染花卉亦多韻致。《廣印人傳》

張開福

張開福，字質民，號石匏，海鹽諸生，芑堂先生子。家苦寒，貧時出游吴會，所至披訪殘闕於荒烟叢棘中，偶有所獲，必欣然手拓以還，故論石匏之學，亦以考證金石爲深。少時工於韻語，頗爲前輩激賞。畫蘭克傳家法，欹豪淡墨，清均獨絶。《廣印人傳》

彝按：石匏刻竹亦工，曾見其爲張叔未刻秘閣一具。

張辛

張辛，字受之，海鹽人，芑堂從子。嘗爲叔未先生刻印，先生極賞之。先生爲東南耆宿，清儀閣收藏金石文字甚富，受之得窺珍秘，其業日進。後客京師，刻楊椒山《諫馬市疏》，工竣，歿於松筠菴。《廣印人傳》

彝按：受之爲叔未先生刻竹，如《行穰帖》，及摹黄山谷《伏波神祠詩》真跡中「新篁」二字刻於秘閣，俱見《清儀閣古器物文册》中。

汪鴻

汪鴻，字延年，號小迂，安徽休寧人。錢塘陳曼生官溧陽，袁浦、小迂皆客幕中，故其所學咸得力於曼生。工鐵筆，凡金銅、瓷石、竹木、磚瓦之屬，無一不能奏刀，亦無一不工妙。《墨林今話》

汪潭

汪潭，字静淵，號夢鶴，錢塘人。工於刻竹，與同里虞君倩相伯仲。偶陟筆石章亦佳。《廣印人傳》

吴廷康

吴廷康，字康甫，安徽桐城人，浙江候補縣丞。好金石文，搜羅甚富，工刻竹。據《竹刻録》

王雲

王雲，字石香，江蘇吴縣人。工篆刻，直逼元明。精書法，多宗六朝，爲吴中名手。性孤介，終身不娶。嘗以道院爲家，亦奇癖也。《廣印人傳》

彝按：石香刻竹尤精。余在吴中見其手刻箑邊五件，爲稻香刻秘閣一件，不亞張受之也。

周之禮

周之禮，號致和，又字子和，江蘇長洲人。王石香入室弟子，專刻牙竹，有阿芙蓉癖，故刻甚少，吴門舊家，間有所藏。《廣印人傳》

彜按：子和摹刻金石文，殘破齾缺處，均能摹刻逼肖，爲向來所無。余曾見其刻箑邊二件，均刻金石文，布置工雅，脱盡習氣，可作拓本觀，爲其平生得意之作，乃爲顧鹿生所刻者。又一件僅刻一邊，未竣工。今吴市贋刻極多。

金雲門

金雲門精於鐵筆，鎸石、刻竹均能摹古，而筆法之妙，結構之精，種種耐摩揣。《廣印人傳》

蔡照

蔡照，原名照初，字容莊，浙江蕭山人，諸生，客杭州富商胡雪巖家。能篆隸，好刻印，精鑒别古金石文，善刻竹木，論者方之新安黄君蒨。他如摹勒碑版，罔不精妙。任渭長以畫名海内，所繪《列仙酒牌》、《於越先賢傳》、《劍俠傳》，筆法精細，非庸工所能辦。同邑王氏延君在家刻之，奇巧工細，真有觀止之嘆。《滌山筆記》

彝按：容莊竹刻所見最多。余曾得秘閣一具，任渭長畫《漁翁過橋》，陽文留青，工妙絶倫。又見其所刻箋邊一百件拓本，乃爲蕭山小竹里館王氏所刻者，花卉、山水、人物，無種不備。惜扇骨均已散佚，余僅購得二件。

李效白

李效白，原名堃，字嘯北，江蘇儀徵人。寫生法新羅山人，鐵筆師秦漢，金石竹木無不奏刀，亦復各極其妙。《廣印人傳》

蒯增

蒯增，字小亭，江蘇吴江人。刻竹、治石皆得天趣，性極脱略。《廣印人傳》

石騏

石騏，號巽伯，又號容卿，吴人。自幼即喜篆刻，嘗游屠琴塢太守之門，得見古名家手跡，故落筆自爾不俗。近喜摹書畫金石文字於竹木器皿之上，亦精雅可愛。《廣印人傳》

姚汝錕

姚汝錕，字飛泉，嘉善人。善刻竹，工琵琶，作小印亦楚楚有致。《廣印人傳》

徐鶴

徐鶴，字青田，終歲以訓蒙自給。擅刻竹木，所摹鐘鼎款識極精。《廣印人傳》

朱逢丙

朱逢丙，原名伯鳳，號桐生，華亭人。性敏慧，鐫石幾奪簡甫之席，餘如印章、刻竹，無不精雅可人。書兼真行隸篆，比來橐筆出游，有聲蓮幕間，後來之秀也。余見其所刻《吉金樂石圖》屏幅，流傳頗廣。《廣印人傳》

朱堅

朱堅，號石梅，山陰人。工鑒賞，多巧思。沙胎錫壺是其創製，著有《壺史》一册。嘉道以來，名士題詠殆遍。尤精鐵筆，竹石銅錫靡不工。《廣印人傳》

朱熊

朱熊，字吉甫，號夢泉，秀水人。工花卉，用筆爽健，可與奚蒙泉頡頏。尤精篆刻，竹石瓷銅偶一奏刀，無不蒼秀得古法。《廣印人傳》

趙嘉淦

趙嘉淦，字雁湄，又字燕謀，仁和人。工書，尤精小楷。雖細如麻粟而雍容寬展，儼然有搢笏垂紳之度。兼善鐵筆，竹頭石乳，宏我漢京，人争寶之。著有《閣帖源流考證》四卷。《廣印人傳》

吴寶驥

吴寶驥，字柳塘，浙江石門人。精刻扇骨，兼治印。《廣印人傳》

任淇

任淇，字竹君，號建齋，浙江蕭山人。精篆刻，金石竹木，無不擅長。《廣印人傳》

程文在

程文在，字郁卿，安徽休寧人。善畫人物仕女，精治印，兼刻竹。《廣印人傳》

陶計椿

陶計椿，字牧緣，浙江秀水人。工書法，善篆刻。脱胎於攘翁、悲盦，而一以工整出之，故所作悉中矩度，一洗印人習氣，旁款亦工緻秀整，能品也。《廣印人傳》

彝案：牧緣尤好刻竹。余見其爲胡匊翁作箑邊，樵金石文字，筆意刀法工雅不俗。

沈國淇

沈國淇，字少石，號鐵隱，浙江秀水人，諸生。工隸書，精篆刻，尤善刻竹。工整古雅，近楊聾石。據《竹刻録》

曹星池

曹星池，浙江嘉興人。專工刻竹，作陽文沙地，渾古有致。據《竹刻録》

蔡辛

蔡辛，字不群，别號薑白，浙江歸安人，諸生。工篆隸刻印，善刻晶玉印，尤好刻竹秘閣、扇骨，皆自撰銘語，所作甚夥。據《竹刻録》

譚松坡

譚松坡，江蘇長洲人。工書，善刻竹。余見其縮刻《黄庭經》全部於秘閣，筆意古雅。所刻扇骨，刻小楷亦精。《滌山筆記》

陳慕卿

陳慕卿，江蘇吴縣人。精刻竹，因自號竹人。能刻蠅頭小楷於箑邊，秀麗絕倫，不在韓蛟門之下。《劍光樓筆記》

王素川

王素川，江蘇吴縣人。工書，善刻印及刻竹，摹古金石文字於扇骨極工。《畫林新詠》

陳春熙

陳春熙，字雪厂，浙江秀水人，諸生。精篆刻，所作殊有小松、山堂神致。刻竹尤精，足與韓蛟門抗手也。據《竹刻録》

程筠

程筠，字海粟，浙江嘉興人，諸生。工書，習趙松雪，得其神味。精刻竹。據《竹刻録》

陳喈

陳喈，字嚨之，浙江海寧人，諸生。好刻印，刻竹亦精。橅山水、人物均有神致。據《竹刻録》

胡有聲

胡有聲，字衣谷，浙江海鹽人，諸生。精刻石，樵刻古人名跡皆不失真。徐紫珊得宋拓《英光堂米帖》四卷，屬衣谷樵刻，與原刻無異。善刻竹，曾見秘閣數件，皆石匏書，衣谷刻。據《竹刻録》

宋峨源

宋峨源，字眉山，浙江嘉興人，諸生。精篆書，又擅刻竹，與殷雲樓、費子苕、陳蓮汀相友善，所刻扇骨、文房各品，皆數君所書畫。惜僅及中壽，故所作流傳極少。據《竹刻録》

余藏眉山刻紫檀扇骨，蓮汀書，山舟銘，及張船山詩。眉山曾孫小靄現在硤石，藏竹骨二品，一面費曉樓畫楊柳仕女，一面殷雲樓書，曾以見示。

袁馨

袁馨，字椒孫，海昌人。工篆刻，竹木尤佳。浙中以刻竹稱者，惟椒孫與蔡容莊兩人而已。《廣印人傳》

佛作舟

佛作舟，滿洲正黄旗人。工書，能句摹金石文字。工刻竹木諸件，館於武進某尚書家。余見其爲西蠡師刻竹箑邊，用刀圓潔，可與胡匊鄰抗手。《石帚軒叢語》

趙琪

趙琪，字竹賓，江蘇儀徵人。先從王小某學畫，人物衣摺殊有古意。精刻竹，仿濮仲謙淺刻於箑邊，刻工細，人物鬚眉衣摺栩栩如生。小楷摹松雪，尋常箑邊刻至十行，殊可愛玩。據《竹刻録》

胡钁

胡钁，字匊鄰，石門人，諸生。工詩書，治印與吴蒼石大令相驂靳，雖蒼老不及，而秀雅過之。嘗鈎摹宋拓《聖教序》、《仙壇記》、《醴泉銘》，均不失神韻。著有《不波小泊吟草》、《晚翠亭印儲》。子小匊傳湘，諸生，克承家學。媳吴氏静娥，伯滔之女，亦善刻畫金石。《廣印人傳》

彝按：匊翁寓禾城蓮花橋東，與余寓相近，過從極密。縱譚金石，每至夜分。刻竹極精，嘗以少年時所刻箑邊相示，約十餘種，中有吴伯滔畫《晚翠亭圖》，旁有蔣幼節題詩，精妙不下蔡容莊也。小匊亦善刻竹。

方鎬

方鎬，字仰之，又號根石，江蘇儀徵人，布衣。篆隸、刻印皆宗吴攘之槀筆。浪游過吴門，見吴昌石，能得其奥窔，掐金刻玉尤精絶，北魏書亦佳。有《斅讓生印

譜》。惜早卒。《廣印人傳》

彝按：仰之亦精刻竹。曾於友人處見其手臨《史晨碑》刻竹秘閣，殊有古趣。丁鶴廬藏扇骨，橅金石文亦精。

沈筱莊

沈筱莊，以字行，江蘇吴縣人。善刻竹，能刻蠅頭小字於箑邊。先友俞語霜嘗取毛公鼎精拓本屬其縮臨於箑邊，越三月刻成，陽文，凡四百七十九字，字形雖細，精神與原本不差累黍，洵奇作也。《遠烟樓雜録》

于嘯仙

于嘯仙，江都人。工書畫，善鎸刻，能於寬三寸許之象牙扇骨上刻小行楷二十行，細若蠅頭，非顯微鏡不能晰，神乎技矣。《蘿窗小牘》

于嘯仙，名宗慶，江蘇江都人，諸生。工書畫。近王小某刻牙竹扇骨，每二十方之扇骨能刻十二行，每行約百餘字，直如懸繩，觀者以顯微鏡映之，筆意遒勁，類吴攘之。聞其初學時用尋常竹扇骨，每一面刻二三行，先不書樣，以刀爲筆，刻求其速，不求其工，每行字數遞增，行數亦遞加，三年後加至十餘行，刻時全以手爲節制，不用目力也。所刻極細之字，即於自觀，亦非用顯微鏡不辨也。于之瞳子較人爲大，余曾與于至四馬路茶寮品茗，隔街某酒樓所懸對聯款字及屏條之字，均能辨之，其目力殊可驚人。贈陶齋尚書象牙插屏，方廣三寸，上刻《離騷》全部。《遠烟樓雜録》

吴璠

吴璠，字菊鄰，湖州人。刻浙派，寓上海，善刻竹。《廣印人傳》

鍾以敬

鍾以敬，字越生，又字裔聲，别號家龕，浙江錢塘人。家業商，稱小康，耽聲色，揮霍殆盡，貧無立錐，寄居古剎中，衣食幾不給。余與友人湯勉齋勸其刻印給衣食，工篆書，學吴天發神讖文，蒼勁有致。印宗趙次閑、陳秋堂，均能得神似。刻竹亦精雅，橅金文者更勝。

金之駿

金之駿，號夢吉，别號紅柿邨老農，浙江秀水人。工書，學松雪，畫仿改七香。工刻竹，流麗無匠氣。據《竹刻録》

張楫如

張楫如，號西橋，江蘇武進人。父某爲賈，家小康。西橋先學業於煤肆，數年業未成，棄去。又至蘇州學剞劂，數年得其師之傳。光緒十二年，蘇織造奉上命刻元人王秋澗撰《承華事略》，繪圖極精細，官中責肆人承役，選技精梓人扃古寺中，西橋亦在其中。公役程限極嚴，數月始刻成放歸。西橋恥之，遂辭去梓人不爲，賃一小屋，種盆梅及榆柏黄楊等，虬枝古幹，羅列几案間，自得其樂。時先師費西蠡太史罷官家居，見西橋所刻，善之。適築住宅於桃花塢，因鈎宋元名人書畫名跡，屬其刻於屋壁，莫不稱妙。太史所藏彝器之几格，書畫卷册之匣，非西橋不刻也。至滬後，余爲揄揚於友人處，求者無虚日。搜《漢石經》錢梅溪橅本，縮刻於箑邊，每字小約胡麻三分之一，凡十四段，共四百念餘字，陽文，精湛絶倫。又縮摹散盤、克鼎、盂鼎、石鼓、天一閣本《夏承碑》、《蘭亭序》定武本。自來竹刻作陽文皆僅二三十字，今西橋縮寫金石文俱作陽文，每至三四百字，可謂盡竹人之能事矣。年五十四，以肺病卒。松窗撰《張西橋傳》

程端友

程端友，字榮生，江蘇陽湖人。工琢硯，見顧二娘所琢，好之，因以佳端石琢作針綫筐，竹之反正、紋理皆逼肖。製印紐亦甚工，仿尚均能亂真。又善刻竹，凡濮仲謙、張希黄所作秘閣，橅刻酷肖。

傅少英

傅少英，以字行，浙江錢塘人。或言其本湘籍，其父以知縣需次於杭，遂爲杭人。少入塾讀書，頗聰穎。父能刻竹，有名於時，少英朝夕熏習，亦能刻。所作雅净不俗，刻陽文尤精，筆畫堅卓，地子明净，足以上追容莊。爲人落拓，不事生計，然非窘極不輕奏刀。杭有劫掠案，獲渠魁，窮治黨羽，爲人誣扳，幾置於法。幸有大力者爲緩頰，得免，因囚於獄。當事者聞其名，不令作苦工，令其刻箑邊，頗能不改其樂也。

金紹堂

金紹堂，字仲廉，號東溪，浙江烏程人。好刻竹，精細有法。刻諸家墨跡均極工妙，刻陽文山水花鳥，可追蹤吴魯珍、周芝巖也。

金紹坊

金紹坊，字季言，自號西厓，東溪弟。精刻竹，日夕奏刀，無間寒暑，三年中刻扇骨至三百餘枋，可謂勤矣。又能留青刻山水於小秘閣，酷似張希黄。又仿周子和縮橅金石文字於扇骨，殘缺銅鏽均能橅仿酷肖。吴待秋爲作《西厓鍥簡圖》，缶廬爲題一詩。曾縮臨其尊人小照於竹秘閣，得其神似，洵竹刻中能品也。

余仲嘉

余仲嘉，以字行，廣東南海人。少即瘖不能言，而聰慧絶倫。且好學，其父教以許氏《説文》，默寫篆文無誤。學刻印半年即精專，學黄穆父得其神似。堅卓老成，不尚修飾。刻竹先尚淺刻，後來見余，告以須深刻，因以西厓刻竹拓影本貽之，所造益精。將來鍥而不舍，所詣正未可限量也。

王杰人

王杰人，字泠舟，浙江山陰人，畫師王竹人之弟。工畫，精刻竹。嘗取湘竹，就其斑刻作花卉人物，留斑去地，儼如墨跡之書畫，亦竹刻中别開生面者。

林介侯

林兆禄，字介侯，江蘇吴縣人，諸生。善刻竹，工雅有致。

張石友

張石友，以字行，江蘇無錫人。好刻印，摭刻碑碣極精，人謂似明之章簡甫，因以簡齋爲别號。尤精刻竹。

譚維德

譚維德，字一民，安徽合肥人。習武術，畢業於日本士官學校，爲某軍副官。善刻竹，摹鐘鼎刻辭書於箑邊，縮爲小陽文，僅二分許，不失神理。橅古泉幣尤精絶，頗似西橋得意之作也。

釋竹堂

釋竹堂，江蘇上元人。出家於揚州桃花庵，爲石莊和尚之徒。學畫於吴堯圃。工刻竹根印，名與潘老桐埒。《墨林今話》

釋達受

釋達受，字六舟，浙江海寧州人。出家於州治之白馬寺，後主杭州净慈、蘇州滄浪亭方丈。自幼即好金石文，凡絶壁、摩厓、荒塋、斷碣，無不手自摩拓，阮文達以

「金石僧」呼之。工書善畫，治印雅近二京，刻竹亦精。

彝數年前見六舟刻竹秘閣，乃戴文節畫山水。凡皴法深淺，無不以刀傳之。近日董君澍林新從海寧歸，得詩筒一，長僅四寸，上畫老梅，密蘂繁枝，秀均遠出，與墨跡無異，竹刻中逸品也。

釋予樵

釋予樵，字□□，浙江海寧人，釋六舟再傳弟子也。工書善畫，精刻印，刻竹亦精。六舟嘗書畫箋邊，令予樵刻之。六舟《寶素室書畫編年録》

釋守六

釋守六，江蘇甘泉人。工書畫。主杭州净慈講席。尤善刻竹。胡鼻山、錢叔蓋均爲金石交。

彝案：守六所刻箋邊，鼻山寫隸書銘文。

竹尊宧竹刻脞語

張佸持湘竹扇骨來，長一尺二寸，斑甚稀，一面僅四五點，就其點作梅，斜枝重疊，仿佛水邊疏影也。鄭板橋題五言絶句於上角，下角題云：「老桐刻竹，板橋畫梅。」色澤類鵝油黄，云從揚州張午橋丙炎家得之。

阿夫容，明代從澳門輸入粤東，吸者甚多。嘉慶時林文忠焚之，英遂陷粤省，不得已與之訂五口通商之約，國權喪失，外患從此始矣。道光時蔓延沿海各省，龔定盦《庚子雜詩》云：「不枉人呼蓮幕客，碧紗籠隱阿夫容。」可見流毒之盛矣。余曾見許小巖觀詧有一烟筒，以竹爲之，半刻梅花，乃陳曼生所畫，其下半刻銘，僅記其數語，云：「可以破愁城，敵酒兵，故殺敵致果，而以鎗名。」竹色黝黑，款云「曼生自銘并刻」。小巖殁，此物殉矣。

蕭山蔡容莊曾客杭州胡雪巖光鏞家。工刻印，刻竹木極精。曾見其刻《蓮花經》

籤題，凡畫五百應真，雖僅露一首，手中各持一物，居中「妙法蓮花經」五字正書，長五寸四分，闊二寸，亦奇作也。其邑子王氏乞任渭長畫竹扇骨百枋，凡花卉山水、仕女佛像各種俱備，屬容莊刻之。余曾見其拓本，紙墨甚舊，尚是當時所拓也。

嘉定周芷巖刻山水，始用刀作凹凸皴法，後來仿刻者甚少。近見韓蛟門刻山水，亦仿芷巖刻法，雅飭遠遜矣。張楫如專刻字，不刻畫。偶見其刻扇骨上畫水仙，反側陰陽，悉見筆意，頗有趙彝齋風格。

曾見友人家藏一竹筆架，正面作一山，峰巒突兀，傍二峰稍低，峰腰繞以雲氣，林木蕭森，離離蔚蔚，有山雨欲來狀。山麓有一茅庵，柴門深掩，扁「歸雲」二字作分書，筆法類朱竹垞。嵐翠溪瀑，古木叢篁，極複雜之致。庵側一小門，扁曰「挑雲」，松陰掩映之，境極幽邃。有聯云：「林深半天霧，松老一山龍。」旁署「退庵主人」。布景、用筆渾古，在耕烟上。相傳爲三松手製，印章已漫滅不可辨，不知究爲何人刻也。又一竹猨，高一寸九分，作坐地攫果狀。猨身瘦勁，筋骨畢露，神氣栩栩如生，雙目炯然有光，類宋易元吉之畫。款署背上，行書「珉侯」二字。一盛淡巴菰，合方廣一寸，四周刻山水，上題長歌一首，約二百餘字，字僅半分許，畫法類馬欽山，行草類八大山人，款署「奎山廢人」。玩其色澤制作，當在明末清初也。嘉定有奎山，其人必嘉定人也。

癸丑年在滬，估人持一竹秘閣來，長四寸，刻山水，畫法縝密，似王山樵，款書「墨井道人畫并刻」，竹色黝黑，以索價太奢，未及購。考漁山入天主教，在嘉定爲鐸德多年，必爾時所作。《復初齋詩集》四十七：「吴漁山畫松石，鎸於筆筒，用其韻題之，有鎸從丙子追壬子句，注有壬子殘臘王時敏題。」是墨井刻竹流傳不止一件矣。

朱松鄰所刻流傳極罕，即練川世家藏者亦稀。廿年前在滬見一竹雕無量壽佛像，高僅二寸一二分，鬚髮卷曲，偏袒露右肩，肋骨盡露，蒲團刻偈語四句，末署「朱松鄰焚香謹鎸」。

周墨山所刻亦不多見。宣統紀元，在禾中舊貨攤上購得筆筒，畫臨水一巨巖，作亂柴皴，旁有蕉林叢篁，一高人趺坐水邊坡陀上讀書。款題：「蕉竹蕭凉處，閑看《秋水篇》。」款「墨山」二字，法米漫士。《竹人録》言其專刻蕉竹，洵非虚語。余又藏一詩筒，畫梅花一枝，梅花瓣皆分陰陽，刻鏤極工。題云：「玉鱗寂寂飛斜月，素手亭亭對夕陽。」墨山書草書。旁題云：「自是羅浮别有天，一枝雪月映清川。美人家在西泠住，重話相思又隔年。」北平山人正書。左旁題云：「青山十畝白，流水一春香。」夢山分書。色作櫻桃紅，潤澤光可鑒人。

張希黄，里貫不可考，據粥古人云是江陰人，然未敢深信也。其名亦無人知者。前在金西厓處見一詩筒，款題「希黄」，下有小方印云「張宗略印」。余所見希黄竹刻大小不下二十餘件，皆留青刻，然皆畫意板滯，俗氣未除。惟光緒戊戌夏在津見李文石觀察處一秘閣，長三寸，闊一寸五分，亦留青刻畫遠山數叠，蘆荻一片，近水處邨落參差，樹木叢雜，蘆葦中泊漁舟一二，畫意蕭遠。其中夕陽、炊烟，皆就竹皮之色澤刻成之，與習見者截然不同。款「希黄子」三字，草書，書畫皆精妙，無愧巧工。

海寧袁椒孫馨，刻工細人物最擅長。曾見一秘閣，任渭長畫洛神，風鬟霧鬢，眉目端麗，不可褻視，衣摺有吳帶當風之妙。上方任竹君臨十三行，刀法工細絶倫，足與蔡容莊抗行。

洛陽龍門山造佛像極多，自北魏至唐不下數千區。大者就巨巖雕鑿，小者僅扶寸，可謂極雕刻之大觀矣。其中有淺雕一種尤極精妙，吳之璠所刻。余曾藏筆筒畫老松二株，枝柯交蔭。松下有二馬，一馬繫松下，狀甚神駿，一馬方就芻，圉人據地擇芻秣。一翁負手旁立，手持一鞭，正相馬。皆作浮雕，人馬意態生動。上題「二駿圖」，印「魯珍」二字。又題云：「五花散作雲滿身，萬里方看汗流血。丙子長夏，爲兹老道兄寫。」吳之璠行書，瘦勁有致。友人鄞縣朱啓辛藏一秘閣，長五寸餘，一美人倚柳樹上，豐容盛鬋，衣摺極繁，勢欲飛動。柳枝草草以刀劃成，似二月中柳，有迎風蹁地之態。款「之璠」二小字，行書，亦作浮雕。惜竹色黯黑，絶無光澤耳。魯珍所刻，僅見此二種。

余於古肆見朱三松製竹根印，上作辟邪紐，極古，印面刻「方外司馬」四字，白文，逼似漢官印，款「崇禎庚辰三松製」，可與二京銅印并。陳揚州見潘老桐所製竹根印數方，製紐亦極精，然不及三松之樸雅矣。

余謂刻竹可分二派。一製物，取竹根雕成人物、鳥獸等物，如松鄰之製竹罌，封氏之雕各種生物是也。一平刻，平刻中又分陰、陽文二種，其中又别爲深刻、淺刻二種。深刻始於明之朱松鄰，周芷巖始集其大成，嘉定人多效之。淺刻始於明之濮仲謙、李文甫，後來揚州人多效之。二京之聖賢圖像，後魏之雕佛像，亦有渾雕、浮雕二種，皆刻竹家所祖也。

印人所用之刀，口平而方。手民所操之刀口圓而凹，謂之拳刀。刻竹、刻字及平刻各種尚可用平刀，刻人物山水須參用拳刀。凹凸、陰陽、衣摺、皴法方可得神。張楫如先習梓人，刻竹時拳刀與平刀并用，故操縱如意，精妙入神。又能臨時自製各種小刀，故地子極平，篆籀各種尤精。又能刻作金石剥蝕之狀，他人不能及也。

余在石林山房見一竹製婦人像，以布帕裹首，跨一鹿，衣摺極簡古，鹿足趾刻「蔣仁」二楷書，與平日墨跡相類。蕭山陳氏藏一小詩筒，奚鐵生刻山水。蔣、奚二君刻竹，前人未言及，可補《印人傳》之缺。

海寧沈倬章藏舊竹扇骨，色焦黄，刻陽文，留青，一面刻：「鵁鶄飛起郡城東。碧江空，半灘風。越王宫殿，蘋葉藕花中。簾捲水樓漁浪起，千片雪，雨濛濛。」其一面云：「極浦烟消水鳥飛。離筵分幾時，送金巵。渡口楊花，狂雪任風吹。日莫空江波浪急，芳草岸，雨如絲。」調寄《江城子》，草書，狂縱類張東海，疑是明代物。

張辛，字受之，清儀老人之從侄。工刻印，尤精刻竹。余曾見清儀閣舊藏臂閣，一「新篁」二大字，集山谷《伏波神祠詩》真跡、一摹班尊文下蘇齋跋、一王虚舟帖、一右軍《行穰帖》，皆拓存於《清儀閣集古器物》册中，精妙下真跡一等，皆受之手鎸也。後入京師，刻楊忠愍《劾嚴嵩疏稿》，真跡句橅，窮極心力，遘疾，歿於京師。今其石刻尚存京師驢馬市大街虎坊橋楊忠愍祠中。諫草堂壁間留青刻，練水派殊不多覯。近得一竹詩筒，高三寸餘，畫西府海棠一枝，花萼掩映，畫法甚妙，俱留青刻成，款陰文，分書「花萼相輝」四字，「王槩」二字正書，印一圓一方，「安節」二字，色如櫻桃紅。案《芥子園畫傳》俱出安節兄弟手繪，此筒當出安節手製，故畫意精能，無刻匠習氣耳。

陳其年《填詞圖》，同治初年在某收藏家，名人題詩者百餘人。嘉興張玉山鳴珂見之，覓得大竹製一秘閣，屬朱壽萱縮臨於上，乞竹農刻之。玉山殁後，此物歸余。圖中迦陵踞坐席上，捋髯執筆作凝思狀，旁陳書二函，膝前石硯，水中丞酒尊，花罌旁蕉葉上坐一美人，正吹簫，旁置琵琶，勾勒精妙絶倫。寒松老人填詞，足步迦陵後塵，此秘閣亦詞家一重公案也。

玉牒瑶華道人弘旿，即皇五子也，畫山水追蹤耕烟，真跡傳世不多見。烏程蔣穀孫兄好學妮古，頃於估人處得御製歲朝詠花詩籌一匣，以竹製成，共八根。每籌長三寸四分，闊五分，形如覆瓦，一面刻花卉一種，一面刻七言詩兩句。第一籌一面畫迎春花，上題「瑶池春色」，背刻：「已裁金勝排湘萼，誰伴銀旛妥碧髾。立春日題。」第二畫西府海棠花，上題「西施宫舞」，背題：「西施舞罷添朝倩，妃子扶來解宿酲。春分日題。」第三畫石榴花，上書「赤燄烘霞」，背書：「日烘花萼紅生火，雨過柔條緑吐烟。夏至日題。」四畫紫藤花，題云「紫晶妝臺」，背書：「夢思洛浦嬋娟態，人記瑶臺淡净妝。立夏日題。」五畫末利，上題「倚闌香子」，背書：「羞將姿媚隨花譜，愛伴孤高上月評。立秋日題。」六畫桂花，題云「雲外飄香」，背書：「仙友自傳丹竈術，狀元須作錦衣游。秋分日題。」七畫山查花，題云「庭柯尋丈」，背書：「庭中栽得紫荆樹，十月花開不待春。立冬日題。」八畫蠟梅花，題云「聞香覓句」，御題，「乾隆」二篆書聯珠方印，右下角「臣弘旿恭繪并刻」，「臣旿」二篆書聯珠方印，背書：「宓妃謾詑淩波步，海殿徒翻半額妝。冬至日題。」「臣旿」篆書小聯珠小方印。八籌竹色明潤，作鵝油黄，刻鏤精妙，想見承平時文物之盛。

截竹爲筒，圓徑一寸或七八分，高三寸餘，置之案頭或花下，分題齋中詠物零星詩稿，置之是中，謂之詩筒，明末清初最多。圓徑相同，長七八寸者，用檀木作底蓋，以銅作擔，刻山水人物，地鏤空，置名香於内焚之，香氣噴溢，置書案間或衾枕旁，補香篝之不足，名曰香筒，國初至乾、嘉極尚之，所見周芷巖刻山水者極多。迨古剌水自澳門輸入，晶罌金鑵，沾溉巾帨，香筒遂歸淘汰矣。

《竹人録》載王有香、張宏裕爲余製竹刻小像詩，又有王雪海竹刻小像詩，惜未見之。余曾見方治庵刻六舟《廬山行脚圖》小像，刻於竹秘閣，凸起分許，神氣栩栩，與六舟自畫《剔鐙圖》小像相同。吴興金北樓嘗繪其尊公沁園先生小像於竹秘閣，其弟西厓刻之，陰陽向背，傳神阿堵，見者皆言其逼肖，洵稱絶技。以竹膚寫真，較鑄金刻石更爲古雅矣。

周芷巖所作秘閣、詩筒、筆尊、棋合，模山範水，真書草聖，所見無慮數十件。嘐友以竹雕東方朔像見示，高一寸六分，眉目高古，長髯披拂，寬袍廣袖，右手握桃，左手按膝，滑稽神態現於眉目間，衣摺精妙絶倫，足以濟美松鄰，左足履下有芷巖小印，極精。

鄧雲樵渭工於刻字，張叔未亦言其刻字之精。《清儀閣集古器物文》册中有一筆筒，書甚妍雅，空處刻「清儀閣珍藏」小印。余亦曾得小筆筒，高三寸，縮臨《禊序》全文，殊有定武遺意，色如櫻桃，瑩澤可玩。近得其小詩筒，刻秋菘一窠，作薄地陽文，莖葉反側，校筆畫更爲精妙。曾記張查客藏周芷巖刻畫菜筆筒，色如黄玉，以雲樵所刻較之，亦可與芷巖頡頏也。

松鄰所作，余僅見南翔某氏之佛像，及風雨樓所藏之秘閣，剩水殘山，頗有馬一角風味。友人以雕件見示，古松一，虬枝古幹，頗似宋人畫法。旁有湖石嶙峋，一老者坐石磴，右手執一卷，左手執羽扇，道貌岸然，似沈吟玩味狀。松身近根處「小松」二篆書，石磴用疊糕皴，刀法極簡，古雅有味。堅齋謂其「刻竹爲古仙佛，鑒者比於吴道子」，洵非虚語。

濮仲謙，《初月樓聞見集》言其技藝之巧奪天工，其竹器一帚一刷，勾勒數刀，便與凡異。數年前曾得其竹扇骨，刻雙松纏蔦蘿，糾結不斷，淺刻款「仲謙」二字，然此種刻法似未足云巧也。頃得一竹筆筒，高三寸餘，刻作一老松，松身霜皮重叠，磥砢如數百年古松狀，旁幹斜出，針鬛掩覆樹腔，稍空處二老正展畫幅共觀。一老者在旁，手握如意，俯身審視，身後二僮，一手持一杖，一在後窺伺，眉目意態，各各不同。入手色澤瑩絜，不知其爲竹也。松節下有「仲謙製」三字，渾古樸雅，滅盡斧鑿痕。練水竹人中惟松鄰足與抗手，刻竹至此，歎觀止矣。且收藏得所，色如黄玉，絲豪無損，尤爲難得。因援竹罌草堂例，名所居曰竹尊宧。